中世修道院の食卓

聖女ヒルデガルトに学ぶ、現代に活きる薬草学とレシピ

野田浩資
飯嶋慶子

誠文堂新光社

アイビンゲンのヒルデガルト修道院に建つヒルデガルトの像。撮影：野田浩資

修道院のひまわり畑。提供：ドイツ政府観光局

ヒルデガルトの教えを受け継ぐ、現代の修道女。撮影：野田浩資

修道院内の教会の祭壇。撮影：野田浩資

修道院正面のキリスト像。撮影：野田浩資

修道院のぶどう畑でワインのためのぶどうを摘む修道女。撮影：ドイツ政府観光局

現代の食卓に活きる修道女の知恵

野田浩資

本書は12世紀に活躍した修道女、聖ヒルデガルトをテーマとした料理書です。聖ヒルデガルト研究者で、翻訳家でもある飯嶋慶子さんと共に、聖ヒルデガルトの神髄を感じられる料理をご紹介します。

当時の修道院とはどんなものであったのでしょうか。なぜ修道女のレシピが今なお、ドイツをはじめヨーロッパ各地でクローズアップされるのでしょうか。

まだ、病院もなかった時代、食材のあり方、野菜類の栽培の仕方、家畜類の育て方から乳製品の加工技術など、あらゆる分野で研究に研究を重ねたのが修道院でした。修道士たちは、人間の体に害がない食事、どうしたらより健康的においしく飲食できるかを研究し、説いてきたのです。

ハーブはその研究の対象となった重要な食材のひとつです。スイスとの国境沿いのボーデン湖に位置するライヒェナウ島には8世紀頃にいくつもの修道院が作られ、そこで初めて香草畑が作られ栽培、研究されました。どの香草がどんな病に効くのか、どのように加工したらより効果があるのかなどの研究です。

ビールも修道士たちによって手をかけられました。当時は飲み水が悪く、健康を害することが多かったことから、修道士は粗悪であったビールの改良に着目しました。現在でも修道院で造られているビールがいくつも存在し、ビールのラベルに修道士の絵が描かれたものや修道会の名を連ねたものなど多々あります。

もちろんぶどうも栽培され、ワイン造りも行われていました。当時のぶどう畑の多くは現存していません。フランクフルトから車で1時間以内にある、エーバーバッハ修道院では現在でも高級なワインをたくさん生産しています。

その修道院から車でわずか15分の所に、聖ヒルデガルト修道院が堂々とそびえたっています。その前では広いぶどう畑がライン川に向って栽培されており、秋の収穫期には修道女たちもぶどう摘みに精を出し、修道院内の醸造所でワイン造りが行われます。

当時の修道院には運営資金、研究費は豊富にありました。それらの資金は、司教や地元の伯爵侯爵たちが援助していたのです。それが食に関する多岐にわたる研究を可能にし、今なお注目される、後世に残るレシピにつながりました。

このような歴史のなかで生まれたレシピを、当時の背景や使う素材を大事にしながら、現代の食卓にも通じる料理としてアレンジして紹介したいと思います。

体が喜んでいる、と強く感じる料理

飯嶋慶子

もう10年以上前のことでしょうか、ドイツのボーデン湖畔にある街、コンスタンツを訪れていた時に、ヒルデガルトの食の教えに基づいた料理を提供するレストランがあると偶然知り、初めて「ヒルデガルト料理」をいただきました。ヒルデガルトはハーブの効能について述べているだけでなく、ヒルデガルト治療学で食事療法は重要な治療法のひとつであると初めて知った瞬間でした。

スペルト小麦の実が入った野菜スープに、さっぱりとしたごま風味のソースがとてもマッチした温野菜と、スペルト小麦のパスタ料理は、食べるほどに幸せな気分になりました。体がとても喜んでいるという強い感覚を覚えました。それ以来、すっかりヒルデガルト料理の虜になってしまったのです。

中世ドイツの女子修道院長であり、神学や自然療法に関する著書をいくつも書き、作曲家、神秘家など多くの肩書を持つ多才なヒルデガルト・フォン・ビンゲン。彼女は、病気予防策として食を重要視し、ハーブのみならず野菜、肉、魚などのさまざまな食材の効能についても書き残しています。どんな食べ物が健康に役立つのか、さらに食べ物によってはどの季節に食べるのがもっともよいのか、どんな食べ物を避けた方がよいのかなど、こと細かく述べるヒルデガルトは、食生活がいかに人の健康を左右するのかにも早くから気づいていました。

彼女の食についての教えは、ドイツのはるか昔から伝わる食の知恵をも垣間見ることができます。彼女が「ヴィリディタス」と名付けた食べ物の生命力、治癒力の重要性にも目を向けさせてくれます。栄養学という概念のまだない時代に、ヒルデガルトはどんな食べ物が人の健康に役立つものであるのかを、どのようにして見極めていたのでしょうか？ ヒルデガルトはどんな食事を摂ることが健康につながると考えていたのでしょうか？

本書で紹介されている多くのレシピは、野田浩資シェフとのヒルデガルト料理を介した交流から生まれたものです。それらのレシピのどれもが、ヒルデガルトがその効能を認めた食材やハーブ、スパイスを使ったヘルシーでおいしい料理ばかりです。レシピに使われる食材やスパイスによっては、まだ日本ではなじみがなく手に入りにくいものもあるかもしれませんが、あえて材料に掲載しています。すべてがそろわなくても、ヒルデガルトの食の教えに従いつつ、臨機応変に他の食材で代用、アレンジするヒントもシェフが書き加えています。それぞれのヒルデガルト風料理を楽しみ、健康に役立てていただけたらと思います。

目次

Part 4 魚料理

Part6

Part 1

聖ヒルデガルトの食の教え

Leben und Lehre der Saint Hildegard

12世紀、中世ドイツで活躍した修道女、ヒルデガルト・フォン・ビンゲン。医学、薬草学に基づき、素材とハーブやスパイスの組み合わせを考慮したヒルデガルトの料理は、800年以上の時を経て、現代の私たちに「生きるとは? 食とは?」を問いかけます。ヒルデガルトの生涯とその食の教えについて、現地取材を交えてご紹介します。

ヒルデガルトの生涯

野田浩資

自らの意思で修道女に

12世紀を生きたドイツの修道女、ヒルデガルト・フォン・ビンゲン。神学書以外に医学、薬学、音楽など多くの著書を残し、没後８００年を過ぎた現在も注目を集め、多くの研究がされている人物です。アロマテラピーの世界では、特に活発な研究がなされ、音楽の世界でも彼女の名は知られています。

ヒルデガルトは、１０９８年に神聖ローマ帝国のドイツ王国、ラインラントのアルツァイ近くベルマースハイム村で、地方貴族の10番目の子供として生まれました。幼くして両親が望んだ聖職者としての生活を自らの意思で選び、8歳の時にユッタ・フォン・シュポンハイムに預けられ、後にユッタと共にディジボーデンベルク修道院に建てられた庵に移り住み、14〜16歳で修道女になります。彼女は幼少期から幻視を体験しており、それはまったく意識が明晰なままに見られる数々のヴィジョンであり、その体験は、その後の多くの著作や活動に影響しています。ユッタはその敷地内に女子修道院を設立して院長となります。１１３６年にユッタが死去すると、38歳であったヒルデガルトが女子修道院の院長に就任します。

人生の後半で多岐に渡る才能を開花

ヒルデガルトは40代以降から才能を開花し、43歳の時、神の啓示を受けたとして『スキヴィアス（道を知れ）』の執筆を開始。5歳の頃から体験した自らの幻視体験を初めて公に表明し、それがマインツ大司教ハインリヒの耳に入ります。49歳の頃には作曲も手がけ、典礼用の宗教曲を作詞作曲します。それらの曲は現在ＣＤで販売されており、聞くことができます。ヒルデガルトの名声は日に日に高くなり、ヒルデガルトの教えを求め、各地から修道女が集まるようになりました。ディジボーデンベルクの修道院が手狭になったことから、ヒルデガルトはビンゲン近郊のルペルツベルクに新しい女子修道院を建設し、教師、著述、医者、博物学者、作曲家として才能を発揮します。

医療活動においては、数多くのハーブを栽培して広く研究し、治療のために薬草、植物などを活用する著書『フィジカ』を書いて名声を博しました。57歳の時にはインゲルハイムの宮殿でフリードリヒ1世（バルバロッサ）に謁見します。60歳の時、5年がかりで3度にわたりドイツ各地へ説教旅行を行います。67歳の時にはビンゲンの対岸、現在ワインの産地で有名なツグミ横丁のあるリューデスハイムの丘陵地帯アイビンゲンに、庶民階級のための新しい修道院を建設します。69歳の時に病に倒れ3年間病と闘いますが、72歳で再び各地へ説教の旅に出ます。中世ヨーロッパ最大の賢女とも言われるヒルデガルトは１１７９年９月17日、81歳で生涯を閉じました。

ヒルデガルト修道院のその後

ルペルツベルクの修道院は、17世紀の三十年戦争でスウェーデン軍によって破壊され、現在地図上にこの名は残っていません。庶民のために建てられたアイビンゲンの女子修道院は19世紀までそのままの形で存在していましたが、１８０７年フランス、ナポレオンの率いる軍に占領され、閉鎖に追い込まれてしまいました。その後、この地もドイツに戻り、20世紀になってリューデスハイムの丘の上に新しく聖ヒルデガルトの女子修道院が建てられ現在に至っています。１９７９年９月８日、ヒルデガルト没後８００年記念祭を控えて、ローマ教皇ヨハネ・パウロ2世はヴァチカンから「ビンゲンのヒルデガルト」に祝賀メッセージを贈りました。また、生誕記念の記念切手もたびたび発行されています。２０１２年10月にはローマ法王ベネディクト16世により正式に教会博士であると宣言されました。

現代に活きる、修道士女の食と健康の研究

野田浩資

修道院は病院であり、食は薬だった

ヒルデガルトは、修道女でありながら、なぜ医学の分野にまで知識を得たのでしょうか。一般市民の生活においては学問が存在しない時代、修道院の中だけは学問と教育の光に満ちた別世界でした。そして、修道院は、市民の病院の役目もしていたのです。修道院以外で、特殊技術を持った外科医のような人も存在はしていましたが、社会的に認められていませんでした。中世における組織的医療機関は修道院に限られ、病人はもちろんのこと、巡礼者や貧民を宿泊させたり、慈善医療の尖兵として活動していました。修道士女の当時の一番の役目は病人の介護、健康管理だったのです。食生活の分野においても、高い教育水準が大いに発揮されました。修道士女は語学能力もあり、ラテン語やギリシャ語で書かれた料理書などを読み、多くの知識を得ていました。現在、私たちが食している料理には、ヒルデガルトの登場以前から、修道士女が「人々の健康のため、病人のため」と日夜研究して、現在にまで伝えられているものが多くあります。

旬を食べ、地産地消、自給自足の生活

多くの修道院の庭にはハーブ畑が存在しました。スイスとの国境にあるボーデン湖に浮かぶライヒェナウ島の修道僧ヴァラフリド・ストラボ（８０８−８４９）は、薬用植物を扱った『園芸誌』を９世紀に書き上げています。

ヒルデガルトの修道院のハーブ畑でも多くの薬用植物が栽培され、当

ヴァラフリド・ストラボ（808-849）

時修道院は、病人が治療薬を手に入れることができる唯一の場所でもありました。

薬用植物としてのハーブやスパイスは、ドイツ国内のみならず遠い外国からも取り寄せられました。治療のための研究が重ねられ、お茶のように煎じて飲ませたり、料理に混ぜて患者に与えたりしていたのです。修道士たちはほぼ自給自足の生活をしていました。畑仕事に家畜の世話、パンを焼き、保存食を作る生活。ベリー類が実る季節にはジャムを煮て瓶詰めにし、チーズやソーセージなども作っていました。チーズの歴史は古く、紀元前に偶然から生まれました。ミルクを遠距離まで運ぶ際に、家畜の胃袋を洗ったものを容器にしていましたが、胃袋の中のミルクを凝固させる成分によりミルクが凝固してしまい、それがチーズになったのです。帝政ローマ時代にヨーロッパ中に広まり、ローマ帝国が滅びて以降は、修道士たちの手により何種類ものチーズが作り出されるようになりました。

ドイツとフランスの境、アルザス地方で作られるチーズに「ミュンスター(Munster ※フランス語読みではマンステール)がありますが、それはまさに修道院付属聖堂の名です。またフランスやスイスの「テット・ド・モワンヌ（Tete de Moine = 修道士の頭）というチーズなど、修道士の絵が描かれたパッケージのものが多々あります。

12世紀頃のフランスの修道院で作られたチーズ「テット・ド・モワンヌ」。

燻製、マリネ、煮込みなど新しい料理技法も開発

修道院内では鶏や豚、イノシシなどを飼育し、養魚池には魚を泳がせ、必要な時に絞めて調理していました。冬を越すための保存食として、豚などは頭から足の先まで無駄にすることなく使われました。食材を長く持たせる保存方法も、食材ごとに工夫を凝らして、研究されていました。肉や魚は塩漬けや燻製にし、野菜は塩やビネガーを使ったマリネが考案されました。果物類は砂糖と共に煮てジャムなどにしています。保存している肉や魚類はにおいがきつ

くなったりすることがあるので、ハーブを使って香りを加えていました。風味はもちろん、ハーブによる健康効果まで考えて研究されていました。

調理担当の修道士たちは時間をかけ試行錯誤し、次々と新しい料理を生み出していきました。野菜と共にじっくりと煮込んだ肉料理などは、まさしく修道院の料理でした。新しいデザートも生まれています。ドイツのクリスマス市には必ず並ぶ「レープクーヘン」や「ペッパークーヘン」は、はちみつとシナモンなど香辛料を加えて作られるものですが、修道士がパンを改良し、デザートにしたものと言われています。南米産のチョコレートも修道院から修道院へと伝わってヨーロッパ中に広まりました。

ヒルデガルトが示した「健康的な食」

8世紀以降、規模の大きい修道院の修道士女たちの生活に少し変化が現れてきます。スイスのザンクト・ガレン修道院（世界遺産）やフランス、ブルゴーニュのクリュニー修道院のような大修道院の修道士たちは、ますます贅沢な食生活をするようになり、修道士本来のなすべきことが忘れられそうなほどでした。修道院での食事は1皿か、多くて2皿が一般的なところ、4皿、5皿と平らげる者もいたり、中にはワインを飲み過ぎてアルコール中毒になる修道士までいたと言います。そんな中、ドイツ・ケルンのブルーノ聖人やクレルボーのベルナルドゥス聖人たちは、模範的な実践により、荒廃しかけていた修道会を立て直したのでした。食の分野において新しい指針を示したのが、ビンゲンの女子修道院長であったヒルデガルトでした。彼女が書いた『スキヴィアス（道を知れ）』は、ローマ教皇エウゲニウス3世にお墨付きを与えられ、12世紀において大きな評判を得ることになります。それを知ったヨーロッパ各地の人々は、ヒルデガルトに面会を求めて修道院を訪れ、そこは「ヨーロッパの集会場」と言われるほどでした。

アイビンゲンのヒルデガルト修道院の正門。庭が美しく手入れされている。

修道院内のヒルデガルト関連の書籍やDVDなどのコーナー。ヨーロッパでは彼女の評価が年々高まっている。

現在に活きる、ヒルデガルトの教え

ヒルデガルトが勧める野菜や果物、ハーブやスパイスには、ひとつひとつに健康に対する意味が込められています。人間が生きる上でどうしたら健康を守り、病に立ち向かうことができるのか、西洋医学が確立される前の葛藤がヒルデガルトの著作の中に見て取れるような気がします。ヒルデガルトの時代の医学の考え方は、現在の西洋医学とは当然のことながら異なっていますが漢方に通じるような考え方を多く発見します。素材の組み合わせや、ハーブの使い方など、８００年以上の時を経ても、現代の食卓に活かせるヒントが多数あります。

食事そのものだけでなく、食生活についてもおもしろい発見があります。当時修道院での食事は朝食と夕食の一日二食が普通でした。ヒルデガルトは「正しい朝食」について以下のように記しています。

「消化をよくするため、あまり早い朝食はしない方がいい。朝食は昼前に食べるのが理想である」

つまり、遅めの朝食、夕食の2回を推奨していたようです。現代では、一日三食が一般常識になっていますが、もしかしたら現代人は食べ過ぎなのかもしれないと思わせられます。

ある医者がこんなことを言っていました。「一日二食しか食べない人は、その食べ方が自分に合っていると感じたら、無理して三食にしなくても、そのまま二食を続けた方が健康に良い」と。二食が良い、三食が悪いという話ではなく、食べ過ぎないこと、自分に合った食事のリズムを知ることも健康維持のひとつなのかもしれません。

アイビンゲンの青空市場。ヒルデガルトの推薦する野菜や果物が売られていた。

同じく青空市場で。ヒルデガルトが勧め、料理や治療に使っていたハーブ＆スパイスも手に入る。

聖ヒルデガルト治療学復活の立役者

飯嶋慶子

ヒルデガルトが亡くなってから８００年余り、彼女が著した医学的な事柄を記した著作物は誰にも顧みられることなく完全に忘れ去られていました。そんな彼女の、世に埋もれた著書に目を止め、そこに記されている医学的事柄に関心を持ち、治療に適用できるように体系的にまとめ、聖ヒルデガルト治療学として現代に蘇らせたのがゴットフリート・ヘルツカ医師です。

オーストリア出身のヘルツカ医師は、ウィーンで医学を学び、アドルフ・ヒトラー率いるナチスドイツがウィーンに侵攻した直後に医師となります。ヒルデガルトのラテン語の著作物に出会ったのもこの頃でした。

「彼女の文体は他の何百冊もの中世の書物とは全く違っていた」と、すぐにヒルデガルトの医学書に心を奪われたそうです。しかしながら彼女のラテン語の著書をドイツ語に訳し、自然療法をベースにした診療を実践するようになるのはまだずっと先のことでした。

ヘルツカ医師は、医師になって数年後、ナチスが死期の迫った患者に安楽死を導入していることを知り、疑問を抱きます。そしてヒトラーの著書『我が闘争』を一晩で読み終えた翌朝、診療所に掛けてあったヒトラーの写真を外して十字架に掛け替えるという行動を起こします。ですがこれをゲシュタポ（ナチスドイツ時代の国家秘密警察）に通報されて強制収容所に９カ月間収容されてしまいます。収容所の中で恐怖と闘いながら、「もし自分がここを生きて出ることができたなら、ヒルデガルト医学を人々に広める」と神に誓ったそうです。

戦後、強制収容所を出ることができると、ヘルツカ医師はヒルデガルト医学に専念し、ヒルデガルト療法の最も重要な要素であるスペルト小麦の産地を永住の地と心に決め、ドイツ南部の都市コンスタンツにたどり着きます。そして、それまで培ってきたヒルデガルト医学の理論と知識を取り入れた診療を行うクリニックを開業しました。

ヘルツカ医師はヒルデガルト治療学の普及にも熱心に取り組み、クリニックでの治療経験を基に書かれた最初のヒルデガルト医学の解説書『So heilt Gott（神はこのように癒す）』を皮切りに、多くのヒルデガルト医学に関する著書を出版し大きな反響を呼びます。１１４７年のトリーア公会議で、ローマ教皇エウゲニウス3世によってヒルデガルトの著書『Scivias スキヴィアス（道を知れ）』が抜粋して読み上げられてから、瞬く間に有名人になったヒルデガルトへの面会を求めて、ヨーロッパ中から多くの人々がヒルデガルトの修道院を訪れたように、ヘルツカ医師のクリニックにもヨーロッパ中から患者が訪れたそうです。

ヘルツカ医師は１９９７年に亡くなっていますが、ヘルツカ医師と共にヒルデガルトが書き残したレメディの研究を行い、ヘルツカ医師の後継者となったヴィガード・シュトレーロフ博士は、今でもコンスタンツ近郊の治療院でヒルデガルト治療学に基づいた自然療法による治療を行っています。

ヴィガード・シュトレーロフ博士。手にしているのは、野田氏の前作『ドイツ修道院のハーブ料理』。撮影：飯嶋慶子

聖ヒルデガルトと私

飯嶋慶子

偶然出会ったヒルデガルト料理のレストランで

聖ヒルデガルトは中世ドイツの修道女（女子大修道院長）であり、神秘家、幻視者、自然科学者、ヒーラー、作曲家と、その時代のヨーロッパで大変な影響力を持った女性でした。彼女は、自然科学、治療学や神学に関する多くの著書を残しています。

私がヒルデガルトに興味を持つようになったきっかけは、２００８年にドイツのハーブ園を巡る小さなツアーに参加し、そこでヒルデガルトゆかりの地を訪れたことです。

特に南ドイツの古都コンスタンツのレストランで初めてヒルデガルト料理を味わってから、俄然ヒルデガルトへの興味が高まりました。ヒルデガルト料理を味わいながら、食べることは人が健康に生きていくうえでの一番の基本であるとの思いが湧き上がり、ヒルデガルトの食についての教えを知りたいと強く感じたのでした。

ヒルデガルトを訪ねる旅

私が参加したドイツのハーブ園巡りのツアーは、〝ヒルデガルトを訪ねる一日〟から始まりました。彼女ゆかりの地は、フランクフルト空港から西へ車で40分ほどのライン川沿いにある、リューデスハイム周辺に点在しています。

リューデスハイムは、日本人観光客にも人気があり、ライン川沿いに建つ多くの古城を船から眺める〝ライン下りの古城めぐり〟の観光船の起点となる街です。多くの観光客がこの船着き場から観光船に乗りライン川を下っていきます。ライン川に背を向けて街の中心から住宅街を抜けて丘を登っていく途中には、たくさんのぶどう畑があり、この地域一帯はドイツワインの有名な産地でもあります。

初めてヒルデガルト料理を食べた、コンスタンツのレストラン「Konzil」。

「Konzil」で食べて感激した、スペルト小麦のパスタ。

ライン川から見たリューデスハイムの町。

最初に訪れたのは、ライン川を挟んでリューデスハイムの対岸にある街ビンゲンにある「河のほとりの歴史博物館」でした。この小さな博物館には、ヒルデガルトに関する資料が展示され、彼女の生涯が詳しくドイツ語と英語で解説されています。2階に上がる階段を上るとロフトのようになっているスペースがあり、彼女が神から見せられたビジョンを描いた挿絵の一部が展示されていました。

ヒルデガルト・フォーラムのハーブ園

歴史博物館の見学を終えると、そこから歩いて30分くらい坂道を登ったところにある、ヒルデガルト・フォーラムという施設内のヒルデガルト・ハーブ園に向かいました。

ヒルデガルト・フォーラムは、ヒルデガルトの癒しの教えを守り、青少年や障害者を支援する、十字修道女会の施設です。フォーラムの建物には、ヒルデガルトに関する書籍やグッズなどが売られている売店、オーガニックの食材を使ったレストランとミーティングができるスペースがあり、併設されているハーブ園はこの建物の左隣にあります。

ハーブ園見学の前に、フォーラム内のレストランで昼食です。このレストランはビュッフェスタイルになっており、サラダ、パン、メインディッシュ、デザートや飲み物などが置かれ、自分で好きなものを取りに行きます。どの料理もおいしかったのですが、特にここで食べたザワークラウトは程よい酸味でとても印象的でした。基本的に、ドイツは料理がどこでもおいしいと感じました。昼食後にハーブ園を案内していただくことになっているシュトリッカー・シュミットさんもいらっしゃって、ここで一緒にお食事をしました。

昼食後、シュミットさんから、「ハーブ園を見学する前に、フォーラム後ろ側の出口を出て木々に囲まれた小道を5分程歩くと素敵な教会があるので、そこに行ってみませんか」との提案があり、行くことになりました。暑い夏の日差しが両側の木々に阻まれ、空気がとてもひんやりして気持のよい、まさに散歩をするのにもってこいの道でした。

5、6分程歩いて木々が急に開けてきたと思ったら、急に人が多くなり思いがけなく立派な教会（St. Rochuskepelle、

ビンゲンの町にある「河のほとりの歴史博物館（Historisches Museum am Strom - Hildegard von Bingen）」。©MSeses

聖ロクス礼拝堂）が見えてきました。

知られざるヒルデガルトゆかりの教会

その教会には、レリーフが非常に豪華なヒルデガルトの祭壇がありました。祭壇の中央にはヒルデガルトの像が、そしてその両側には、「まだ子供であったヒルデガルトが神秘的な光を眺めている」、「ディジボーデンベルク修道院の隠修士ユッタの庵に両親に連れられてきたヒルデガルト」、「スキウィアスを執筆するヒルデガルト」、「１１４７年のトリーアの宗教会議でマインツ大司教ハインリヒがヒルデガルトの書いたものを教皇エウゲニウス３世とクレルヴォーの聖ベルナールに見せている」、「クレルヴォーの聖ベルナールとの遭遇（歴史的に見ると正しくないそうですが）」、「１１５５年に神聖ローマ帝国皇帝バルバロッサがインゲルハイムの宮殿でヒルデガルトと接見する」、「人々に説教をするヒルデガルト」や「ルペルツベルク修道院で亡くなるヒルデガルト」など彼女の生涯の８つの場面が表現されていました。

　この教会は18世紀に再建されたのですが、教会内の祭壇などの調度品はヒルデガルトが晩年に新たに設立したアイビンゲンの女子修道院の礼拝堂で使用していたものを購入し、それらがそっくりそのまま教会に飾られていたそうです。

その上、この教会はルペルツベルク修道院の秘蔵品（ルペルツベルク修道院が建てられた場所で隠遁者として生活した聖ルペルタスの遺骸も含まれていた）なども同時に得たそうです。19世紀には、この教会はヒルデガルトの時代やルペルツベルク修道院の伝統を残す、正真正銘のヒルデガルトのメモリアルチャーチとなっていたそうです。

　しかし残念なことに、この教会は１８８９年に火災に遭い、これらの調度品や秘蔵品は、いくつかの絵画を除いてほとんど焼失してしまったそうなのです。そのため１８９５年にこの教会が新しく建てられる時に、ヒルデガルトと聖ルペルタスを偲ぶため二人の豪華な祭壇の製作が計画されました。しかしながらその祭壇は何故か完成しなかった

18世紀に再建された教会にあるヒルデガルトの祭壇。彼女の生涯の重要な8つの場面がレリーフで描かれている。

そうです。ということは、私が見たヒルデガルトの祭壇は未完成品だったということでしょうか？

実はこの話、この後訪れた聖ヒルデガルト修道院の売店で購入したヒルデガルトのゆかりの場所について書かれた小冊子を、日本に戻ってから読んで知りました。先に知っていたならば、教会をもっと真剣に見学して、写真もたくさん撮っていたのにと、後悔先に立たずです。

ヒルデガルト・フォーラムのハーブ園

ヒルデガルト・フォーラムのハーブ園には、ヒルデガルトが「フィジカ（自然学）」で薬効について述べている80種あまりの薬草が植えられています。細長い長方形のハーブ園は、敷地を均等に4つの区画に区分するような形で、比較的幅の広い通路が十字の形で設けられており、通路が交差する中央部には噴水が置かれています。同じ列の内側に長方形そして外側に正方形の花壇がそれぞれ縦に一定の間隔を置いて左右均等になるように配置されています。一つの花壇には4種類までの植物が植えられており、中央に縦に走る通路の左側の花壇にはアルプスよりも南に生えている植物が、そして右側の花壇には北に生えている植物が植えられています。

ハーブ園で見たハーブは、どれもワイルドでとても生命力にあふれていると感じました。こちらの風土に合っているからなのでしょう。

また道路脇の草むらにチコリーが生えていたり、田舎の原っぱ一面にヤロウが白い花を咲かせていたりと、ハーブはやっぱり雑草なんだと、たくましさを実感しました

新旧のヒルデガルト修道院

ヒルデガルト・フォーラムを後にし、ライン川を渡ってリューデスハイムに到着すると、聖ヒルデガルト修道院に向かいました。土産物屋、レストランやホテルが並ぶリューデスハイムの街を抜けた先にぶどう畑が見えてきます。

聖ヒルデガルト修道院。手前に広がるのはぶどう畑。

ヒルデガルト・フォーラムのハーブ園。

聖ヒルデガルト修道院のカフェでいただいた野菜スープ。

このぶどう畑に囲まれた丘の上にあるのが聖ヒルデガルト修道院です。この修道院は、１９００～０４年にかけて、ヒルデガルトの時代の修道院の伝統を復活させる目的で新しく設立されました。この修道院には売店があり、ヒルデガルト関係の書籍、グッズからワイン、ジャムなどなど、いろいろなものが売られています。

　現在は売店の奥にカフェもオープンし、食事をすることもできます。売店で販売されている修道院オリジナルのブレンドハーブティーには、レモングラス、レモンバームやミントなど何種類かのハーブがブレンドされていてとてもおいしいのです。この売店にしか販売されていないようなので、もしこちらを訪れる機会があったならばぜひ買ってみてください。お土産としてもお勧めです。

　ところで晩年ヒルデガルトが、ルペルツベルク修道院からライン川を船で何度も渡り設立した修道院はこの修道院ではありません。その修道院は、聖ヒルデガルト修道院から丘を少し下った、現在ヒルデガルトの聖遺物箱が安置されている教会が建つ場所にありました。修道院は１８０２年に閉鎖され、その後兵器工場になっていたそうです。１８３１年に地元のコミュニティーが建物を買い取り、修道院の礼拝堂を教会区教会として使用するようにしました。そして１８５７年には、この教会にヒルデガルトの聖遺物（遺骸）が安置されるようになったのです。１９２９年には、現在のヒルデガルトの聖遺物箱が製作されました。しかしわずか3年後の１９３２年9月に、原因不明の火災が起こり教会は全焼してしまったそうです。幸いなことに、ヒルデガルトの聖遺物箱は無事でした。これも何か大きな見えない力に守られたからかもしれません。

ヒルデガルトの聖遺物箱が安置されている教会。

ヒルデガルトの聖遺物箱。ヒルデガルトの命日のミサにて。

聖ヒルデガルト修道院の売店で売られるハーブティー。

写真はすべて飯嶋慶子（P29を除く）

ヒルデガルト式断食セミナーに参加して
ドイツ、ガイエンホーフェンにて

飯嶋慶子

スープと飲み物だけの断食

２０１８、２０１９年の春に、ドイツで10日間のヒルデガルト式断食セミナーに参加してきました。ヒルデガルト治療学のドイツにおける第一人者であるヴィガード・シュトレーロフ博士の指導のもとで行われるセミナーです。近年ドイツでは、「体の不調が治る」、「やる気が増して集中力が高まる」などの理由から、春に４日から１週間程度のプチ断食をする人が増えているそうです。

ドイツでの断食は、固形の食べ物を口にせずにスープなどの流動食を摂るスープ断食が主流です。私が参加したヒルデガルト式断食セミナーもスープ断食でした。最初の７日間は、スープと飲み物だけで過ごす断食を行い、断食を終えた残りの３日間は、スペルト小麦、栗やフェンネルなどヒルデガルトが勧める食材を使った料理を食べて、普段の食事に胃を慣らしていくというものでした。

この断食セミナーは、復活祭の前の四旬節と呼ばれる期間に（４月の復活祭の40日前の水曜日から復活祭の前日までの40日間。復活祭は移動祭日なので毎年期間は変わり、早くて２月初め、遅くて３月初めから始まる）、ボーデン湖畔にあるホテルで毎年開催されます。カトリック教会では、伝統的に四旬節に断食を行う習慣があるそうで、その

断食セミナー初日ホテルより

習慣にならってか、毎年この時期にヒルデガルト式断食セミナーが行われます。カトリックの修道女であったヒルデガルトも、きっとこの時期に断食を行っていたことでしょう。

規則正しい断食の生活スケジュール

断食セミナー参加者は、会場となるホテルに集合すると、断食を始める前日の夕食として全員でスープと焼きりんごを食べます。これが断食スタートのある種の儀式となっています。私が初めて参加した時は、焼きりんごとパースニップのスープを食べて断食がスタートしました。

断食セミナー中の一日のスケジュールを簡単に説明すると、朝の起床は7時半。軽い運動をし、スペルトコーヒーやフェンネルティーなどの飲み物のみの〝朝食〟を摂り、9時頃から2時間ほどシュトレーロフ博士によるレクチャーを受けます。昼食はスープを食べて1時間ほど部屋で休息し、午後2時半頃から2時間くらいセミナー参加者達と散歩。6時半に夕食のスープの後に、7時半から2時間ほど再びヒルデガルトの治療学のレクチャーを受けて一日が終了というものでした。レクチャーでは、ヒルデガルトのハーブ療法、食事療法、精神療法や宝石療法など、あらゆるヒルデガルト療法を学びます。

ジンジャークッキーとパセリ&ハニーワイン

断食初日には、断食期間中に起こる体調不良に対処するために、ヒルデガルトの広く知られたレメディが参加者に配られます。その中にジンジャークッキーというものがありました。ヒルデガルトは、排便を促す効果があるとして、このクッキーのレシピを書き残しています。断食を行う最大の利点は、体に溜まった毒素や老廃物を排出させるデトックス効果ですが、この効果を高めるためには、排便を促して腸内に老廃物や毒素などが残らないように空っぽにしてきれいにする必要があります。そうしないと腸から毒素が再吸収されてしまうからです。それを防ぐために、ヒルデ

断食セミナー会場

断食初日の焼きりんご

断食初日のパースニップのスープ

ジンジャークッキー

ガルト式断食ではこのジンジャークッキーを毎朝服用します。朝目が覚めると、このクッキーを1枚口の中に入れて噛まずに唾液で溶かし、完全に溶けるまでベッドの中で横になっています。ジンジャークッキーというとおいしそうですが、実はこのクッキー、とにかく苦いのです。毎朝「早く溶けて」と思いながら、苦さに耐えてこのクッキーを口に入れていました。

その他にもフェンネルとガランガーの錠剤、ワームウッドそしてパセリ&ハニーのエリキシルなどのレメディが配られました。実は断食3日目の夜から喉が痛くなり、配られたガランガーの錠剤とパセリハニーワインを毎日飲んでいました。そのおかげなのか、喉は痛かったけれど体は元気という状態で断食を無事に終えることができました。

デトックス効果のあるマッサージ

断食中には、希望すると「腎臓マッサージ」と「吸い玉（カッピング）療法」を受けることができます。ヒルデガルト治療学ではデトックスは重要な療法のひとつであり、吸い玉療法は体内の悪い粘液を排出させ、リンパの流れを刺激して自然治癒力を高めるとされています。断食中に受けるとデトックス効果がさらに高まるという、吸い玉療法は前から受けてみたいと思っていたので受けてみました。

ヒルデガルト治療学では、カッピングを行う箇所の皮膚を針などで傷つけて血液の排出を促します。まず診察ベッドにうつ伏せになり、消毒薬を含ませたコットンで背中を消毒した後に器具のようなものを当てられ、ホチキスをとめる時のようなカチッと言う音とともに皮膚がチクっと針に刺されたような感覚がありました。私は6カ所にカッピングを行うと言われたので、おそらく6カ所をこの器具で皮膚に傷をつけられ、その部分に吸い玉が置かれたのだと思います。吸い玉が置かれると、その部分の皮膚が吸引されて引っ張り上げられるように感じます。そのまま10分ほどじっとしているよう言われ、自分の背中は今一体どんなことになっているのだろうと想像しながらうつ伏せになっていました。10分後に吸い玉を外されて、カッピングをした箇所には大きな絆創膏が貼られ、この日はシャワーを浴びないようにと言われました。体が軽くなったような不思議な感覚でした。

クエンチワインとビーツのスープ

ホテルのレストランでは、毎年断食セミナー中に、ヒルデガルトのレメディのひとつクエンチワイン（沸騰させたワインに半量の冷水を入れたもの）がメニューに加わります。断食中にワインを飲んでいいの？と思いますが、これは、神経を強化し、不安や怒りを素早く鎮めるとされるヒルデガルトの有名なレメディなのです。彼女は、「もし怒りやメランコリーに駆り立てられたら、すぐさまワインを沸騰させるまで火にかけ、そこに少量の冷たい水を加えたものを温かいうちに飲むと、怒りの噴出を招く黒胆汁を無力化させる。」と述べています。

夜のレクチャーの後の一日の終わりや、断食終了を祝うパーティーなど、事あるごとに皆でクエンチワインを飲んでいました。

喉に痛みがあり、断食セミナー中で最悪の体調だった断食４日目の昼に出されたスープはビーツのスープでした。ヒルデガルトはビーツについて述べていません。ですが現代のヒルデガルトの食事療法でシュトレーロフ博士は、ビーツをお勧めの野菜に加えています。それは博士のこれまでのヒルデガルトの食事療法による治療経験から、ビーツに皮膚への効果が見られたからだと思います。博士は、ビーツのサラダにワイルドタイムを加えると皮膚の血液循環を高めると述べています。

ビーツのスープを飲んでいる時、１人の参加者がスープにりんごジュースを加えるともっとおいしくなると言い、そのようにして食べていました。他の参加者もそれを真似し、皆が次々にスープにりんごジュースを加え始め、口々に「おいしい」と言っています。私も試してみましたが、味がまろやかになって本当においしかったです。

断食中の元気を保つレメディやスープ

夕方にレクチャーや食事をする部屋に行くと、テーブルにウキクサのエリキシルが置いてありました。免疫力がアップすると言われるヒルデガルトのエリキシルで、シュトレーロフ博士が体調の悪い参加者のために持ってきたものでした。私は喉が痛いのでそのエリキシルを飲ませてほしいと博士にお願いして飲ませてもらいました。ウキクサのエリキシルを飲み、ベルトラムをスプーン1杯摂り、フェンネルティーをたっぷりと飲んで、この日は温かくして、風邪が早く治ることを願いながら早めに寝ることにしました。

翌朝目を覚ますと、夜中にたくさん汗をかいてスッキリ、昨日まであった頭痛が消え、喉の痛みが少し治ってきたようでした。毎日いろいろなヒルデガルトのレメディを飲んでいたせいか、喉は痛いけれど体は元気という不思議な感じでした。いつも通りに午前中のレクチャーに参加。この日のスープはズッキーニのスープでした。

このズッキーニのスープ、断食中に出されたスープの中で一番おいしかったです。そう感じていたのは私だけじゃなかったらしく、皆おかわりに行くスピードが速かったです（断食なのにスープのおかわりがＯＫなのです）。午後の自由時間には、自転車に乗って近くのボーデン湖の周りへバードウォッチングに行くと言っていた参加者もいました。断食中なのにみんなとても元気です。

ドイツでのヒルデガルトの影響力

６日目、目を覚ますとベッドの中で食べるというか、口の中で溶けるまでなめる、苦いジンジャークッキーも残り最後の1枚。明日の昼で断食も終わるのだなぁと、長いようであっと言う間に思えました。唾を飲み込むと喉の左側がまだ痛く感じられるのですが、体は元気です。午前のレクチャーを終えて、この日の昼は栗のスープでした。

栗はヒルデガルトが健康に１００％役立つと述べる食べ物のひとつですので、ヒルデガルトの食事療法では重要な食材です。このスープが出るのは当然といえば当然ですね。

ビーツのスープ

ズッキーニのスープ

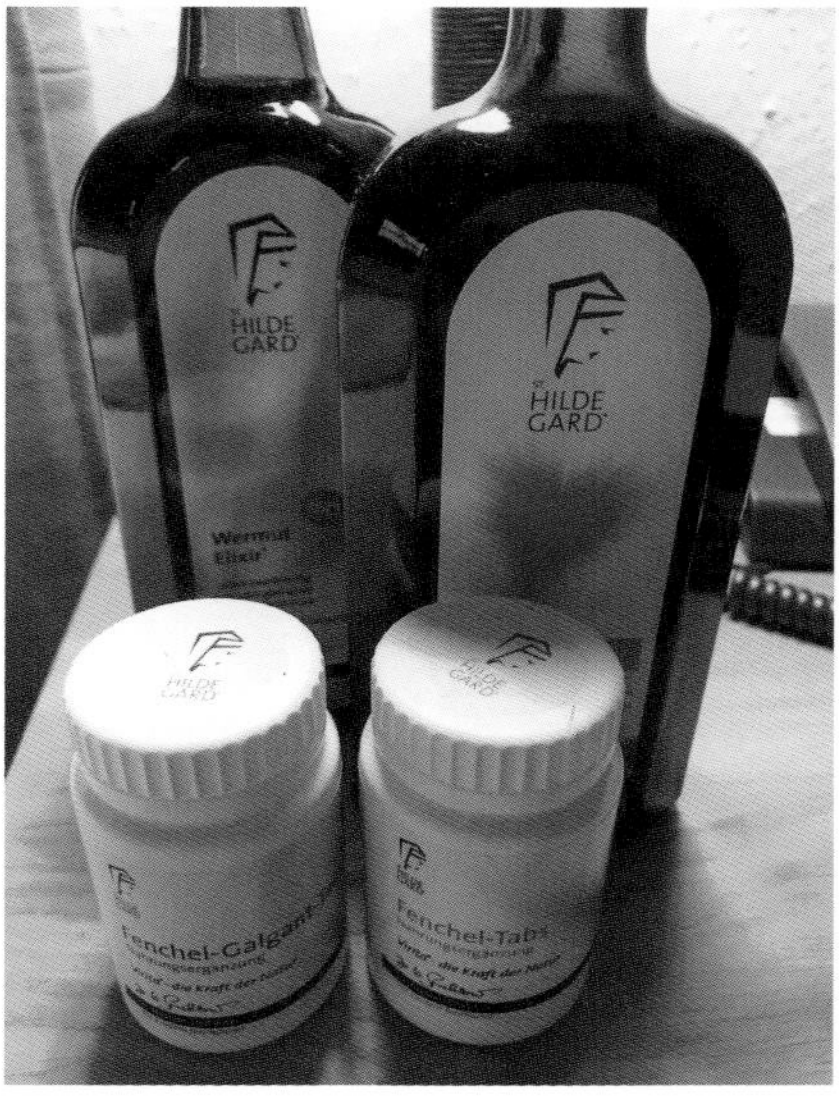

ヒルデガルトレメディー

断食セミナーでテーブルに置かれたヒルデガルトのスパイス

散歩の途中のカフェで、喉の痛みが早く治るようにとカモミールティーを飲みました。その後ものすごい空腹感に襲われて、断食中にこんな強い空腹感を感じたことがなかったので、ある意味でカモミールティーの威力を実感しました。

カフェからは、ライプツィヒから参加している女性と話をしながらホテルに戻りました。彼女にヒルデガルトに興味を持つようになったきっかけはと尋ねたところ、お母さんの影響だということ。ドイツでは、親や家族がヒルデガルトに関心があってその影響で興味を持つようになったという話をよく聞きました。その前の年に断食セミナーに参加した時も、ヒルデガルトを崇拝する家族に勧められてセミナーに参加したという参加者が何名かいました。オーストリアの有名なスキー選手マティアス・マイヤーは、リウマチを患って歩くのもままならなくなってしまった時期があったそうですが、シュトレーロフ博士の治療院を訪ね、ヒルデガルト療法を受けて回復したそうです。彼がヒルデガルト療法を受けたきっかけは、やはりお母さんがヒルデガルトのことを知っていたからだと聞きました。

断食による変化とデトックス効果

断食を始めると肌の調子がすこぶるよくなります。肌を触るとつるつるになり、体の中に溜め込んでいた悪いものがなくなったと実感します。はいていたジーンズが徐々に緩くなっていきます。断食中は新鮮な空気を体内にたくさん摂り込まなければならないとのことで、毎日たくさん散歩をしていたからか、脚のむくみが解消されたようで細くなりました。顔もスッキリ輪郭がシャープになったようで、日本に戻ってから顔が小さくなったようだと言われました。

そんな断食もあっという間の最終日7日目の昼は、少し早めに集合して焼きりんごとスープを食べて終了となりました。この日のスープは、ホワイトアスパラガスのスープでした。ヒルデガルトはホワイトアスパラガスについて何も述べていませんが、やはりドイツ人にとってこの時期、旬のホワイトアスパラガスは特別な食べ物なのでしょう。

毎日の散歩道

ヒルデガルト風フレーデルズッペ

ホワイトアスパラガスのスープ

数日前に断食最終日のスープがアスパラガスのスープになったと聞いた参加者たちはとても喜んでいました。とってもおいしいスープでした。

昼に断食を終えたばかりだというのに、少し早めの夕食には早くも断食後の回復を考えたヒルデガルト料理が出されました。細く切ったスペルト小麦のクレープ入り「ヒルデガルト風フレーデルズッペ」です（P84参照）。コンソメスープにクレープを加えたフレーデルズッペは、南ドイツの郷土料理だそうです。具材のクレープは、コンソメスープの味がしみて柔らかく、口に入れると噛まなくても溶けてしまいそうでした。メインの料理は、スペルト小麦の団子ににんじん、ズッキーニ、根セロリ、パースニップやフェンネルなどの温野菜が添えられています。断食後の最初の食事ということもあって、非常に柔らかく調理されており、こちらも少し噛んだだけで口のなかで溶けるような感じでした。

断食後の回復食で味わう喜び

断食終了後の朝食は、スペルト小麦のミューズリーのお粥、スペルト小麦のパンに野菜やハーブの3種類のスプ

スペルト小麦団子と温野菜

レッド、そして断食中と同じ飲み物が用意され、自分で好きなものを取ってきて食べます。私はいつも、シナモンパウダーを振りかけたスペルト小麦のミューズリーを少々と、薄く切ったスペルト小麦のパンにスプレッドを乗せて食べるというのがパターンでした。飲み物は、マルメロとりんごのミックスジュースが好きでよく飲んでいました。りんごジュースよりも少し濃厚で甘くしたような味なのですが、甘すぎると感じる人は、フェンネルティーで薄めて飲んでいました。

断食後の回復期の最後のヒルデガルト料理は、お豆のスープにメインは魚料理、最初は何のお魚かわかりませんでしたが、多分ボーデン湖で獲れるイワナのフィレ。淡白で身が柔らかくておいしかったです。魚料理の付け合わせは、ビーツのラビオリで、ラビオリの生地はもちろんスペルト小麦で作られています。グリーンのソースはベアラウホソース。早春の森や雑木林に、日本語ではクマネギと呼ばれるベアラウホの葉が生えているのですが、ドイツ人はこの葉を摘んでスープにして食べるのが好きなのだそうです。デザートは、栗のケーキです（Ｐ１９２参照）。毎年断食セミナーに参加している参加者が「この栗のケーキは絶品だ」と言っているよ、と伝言ゲームのように伝わって来て、誰もがデザートが運ばれてくるのをワクワクしながら待っていました。生地がしっとりして、甘さ控えめでほのかに栗の味のするとてもおいしいケーキでした。このケーキをひどく気に入った参加者の一人が、おもむろにホテルのキッチンに向かうと、このケーキを作ったシェフにレシピを教えてもらえないか頼んでレシピを貰ってきました。皆もレシピが知りたいと、スマホを持って彼女の周りに集まり、レシピを写真に撮っていました。私ももちろん撮ってきました。

セミナー初日の自己紹介では、日本人の参加に戸惑っているような参加者もいましたが、徐々に打ち解けていき後半は和気あいあいと過ごした10日間でした。あっと言う間に時間です。途中風邪をひくというハプニングがあり弱気になった時もありましたが、まわりの皆がとても気づかってくれて無事に断食を終えることができました。どれも貴重な体験であり、かけがえのない思い出です。

スペルト小麦のミューズリー

スペルト小麦のパンと３種類のスプレッド

ひまわりの種のスプレッド

ビーツのスプレッド

ハーブのスプレッド

断食最終日の豆のスープ

イワナのフィレ、ビーツのラビオリ、ベアラウホソース

栗のケーキ

聖ヒルデガルトの食の教え

飯嶋慶子

生活の質を向上させる食事

ヒルデガルトは、心身が健康で充足した生活は、よりよい食事から得られると述べています。人間にとって「食べる」ということは、単に空腹を満たすためのものではなく、生活の質を向上させるものであるのです。彼女の意味する「良い食事」とは……。

季節の新鮮な野菜と果物、できたら自分の住む近隣の地域で収穫されたものを使った質素な食事を勧めています。栄養過多は、病気の大きな原因になります。

ヒルデガルトはこんなことも述べています。

「節制は徳、不節制は悪徳」、「食事は決められた時間に規則的に摂り、食事時間以外には食事を摂らないほうがいい」、「いろいろな食べ物を食べるようにし、食べ物本来の性質を保つために、あまり長く煮込んだり、味つけを強くしない方がいい」、「油と血液を多く含む食べ物は、避けるべき」。

これは現代にも通じる教えではないかと思います。

コンスタンツのレストランで

聖ヒルデガルトの料理も研究しているシュトレーロフ博士は、ヒルデガルトの食に関する教えに従って、コンスタンツにあるレストラン「Konzilコンツィル」で〝ヒルデガルト料理〟をプロデュースしています。

レストランは、コンスタンツ駅から歩いて1分、ボーデン湖の観光船の船着き場のすぐ目の前にある。建物の屋根の両側の角が四角く張り出している変わった建物の1階にあります。この建物は、14世紀にキリスト教の教皇庁の大分裂に終止符を打った、コンスタンツ公会議が開かれた歴史的に重要な建築物です。

「Konzilコンツィル」のヒルデガルトメニューは、ワインに何か薬草を加えて温めた飲みもの（昔修道院で飲まれていたものらしい）、スープとパスタ、肉、魚料理が1種類ずつと種類は少ないのですが、どれもとてもヘルシーです。私はここでパスタ料理を食べました。スペルト小麦のパスタにズッキーニ、ブロッコリー、いんげんなどのたくさんの野菜、マッシュルームなどを、ごま風味のソースであえ、ひまわりの種やごまなどの種子類が振りかけられていました。

魚、肉料理にも、温野菜とスペルト小麦のパスタがたっぷり添えられています

私がヒルデガルトの食の教えに興味を持ち始めたのは、このレストランでヒルデガルド料理に出合ってからでした。食べることは、人が健康に生きていくうえでの一番の基本です。ヒルデガルトの食についての教えをもっと知りたいと感じたのでした。

ローフードに対するヒルデガルトの考え方

ヒルデガルトはローフードは避けるべきと考えています。ほぼすべての食べ物は火を使って調理する。また調理しない場合はスパイス、酢、オイルや塩などで下ごしらえをする必要があると述べています。このような下準備をすることで、食べ物は消化されやすくなると言っています。

ヒルデガルトは、生の食べ物にある好ましくないものは、悪い体液を作ると考えており、それは「腸で腐った臭いのするガスを発生させ、それが脾臓に送られると腫瘍になることがある」とも述べています。

シュトレーロフ博士は、ローフードを食べている多くの人は、腸内にガスが溜まり、血行が悪く、脳への血液供給が悪くなるため記憶力の低下に悩まされると述べています。また腸内細菌のバランスも乱れるそうで、博士の治療院を訪れる大腸炎の患者の多くが、発症する前にローフーディズムを実践していたそうです。

「ローフードを食べたからと言ってすぐに具合が悪くなることはないけれど、食べないようにした方がより好ましい」とシュトレーロフ博士は述べています。

Konzilの外観。コンスタンツ公会議が行われた歴史的建物をレストランに改装。©arke by commons

Konzilの魚料理。たっぷりの野菜とスペルト小麦のパスタが添えられている。著者撮影。

聖ヒルデガルトの推薦する食材

現代のヒルデガルトの食事療法で勧められる食材をご紹介いたします。これらの食材の中には、ドイツではよく食べられるけれど日本ではまだあまり知られていない食材もあります。もしドイツに行かれる機会がありましたら、ぜひ現地のスーパーなどで探してみてください。

果物 Obst/Nüsse

りんご Apfel

りんごは有益なビタミン、ミネラル、フルクトースや食物繊維のペクチンなどが含まれる、虚弱や風邪の際に役立つ栄養価の高い果物です。ヒルデガルトは、りんごの果実はまろやかで消化がよく、これを調理して食べることは健康な人、病気の人どちらにもよいと勧めています。ただし生で食べる場合は、りんごは夜間の最もパワーが強い時間帯の露によって熟す果物なので、健康な人は問題ないけれど、体が弱っている人は生で食べないようにと、彼女独自の興味深い見解を記しています。

洋なし Birne

洋なしは、かつて「神様のギフト」と呼ばれた果物で、カリウムや食物繊維が多く含まれています。ヒルデガルトの洋なしへの評価は、生で食べるか調理して食べるかにより大きく異なります。生の洋なしは刺激が強く、肺や肝臓の不調を引き起こす汁が含まれているため食べるのは勧められないが、調理した洋なしは腸の腐敗物を除去して消化機能を高めるのでよいそうです。水で煮た洋なしとハーブを使ったレメディをヒルデガルトは書き残していますが、これについては「人のあらゆる悪い体液を消滅させ浄化させる」と称賛しています。

マルメロ Quitte

中央アジアおよび南西アジア地域が原産

地のマルメロは、約6000年前には利用されていた非常に古い果物です。唇や皮膚のひび割れ、やけど、下痢や発熱などの薬として用いられました。ローマの博物学者プリニウスは、著書『博物誌』でマルメロのレメディの治癒効果について記しています。また「ヨーロッパの父」と呼ばれるカール大帝は、御料地令でさまざまな植物と共にマルメロの栽培を命じるなど、ヨーロッパでは長年マルメロは重要な果物のひとつであったようです。ヒルデガルトもまた、「煮たり乾燥させたりしたマルメロを根気よく食べていれば、体内の毒素をすっかりきれいにしてくれるので、神経や関節が痛みに襲われたり冒されることはないだろう」と、マルメロの解毒を促す働きに触れ、リウマチや痛風などの療法にマルメロを勧めています。

カラント Ahlbeere

7月が旬のベリーとして、ヨーロッパではブラックカラントがポピュラーで、ジャムなどにしてよく食べられています。ヒルデガルトは、カラントの木を「Gichtbaum（痛風の木）」と呼び、レメディとして用いています。そしてカラントのパワーは、単独でよりも他のハーブやスパイスと一緒に使う方が効果が高いと述べています。

デーツ Termine

甘味料として料理にも使われるデーツ（ナツメヤシ）は、食物繊維が豊富なため腸の健康に役立ち、また脳の機能を活気づける働きがあります。ヒルデガルトは、デーツの実を食べることはパンと同じくらいの強さをもたらすと述べ、食べ過ぎを警鐘しています。現代でもデーツはカロリーやエネルギー密度が高いので、控えめに食べるように言われています。

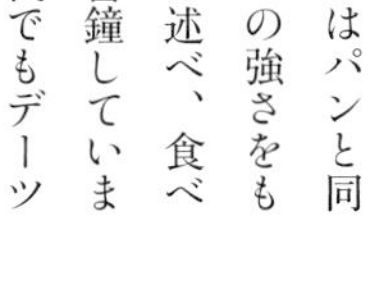

アーモンド Mandel

アーモンドは、旧約聖書にも登場する古代から貴重な食べ物でありました。肉に代わるたんぱく源のひとつとして、多くの菜食主義の修道院では、毎日決められた量のアーモンドが修道士に配られていました。森の開墾、耕作や収穫作業などの肉体労働をしなければならない時に、修道士たちはエネルギー補給源として一握りのアーモンドをマントに忍ばせて労働に励んでいたそうです。

ヒルデガルトもまた、アーモンドの実は栄養価が高く、有益な食べ物であると認識していたのでしょう。「アーモンドの木のすべてのエネルギーは実に凝縮されている」と述べ、顔色が悪い人や、肺や肝臓を病んでいる人に食べるよう勧めています。

穀物 Getreide

スペルト小麦 Dinkel

9千年前からヨーロッパで栽培されていた古代麦です。スペルト小麦はアレマン族（4世紀にドイツ南西部ライン川上流地域に定住したゲルマン系民族）の主要な穀物であり、わずか数百年前まではシュヴァーベンの人々の主な食材でありました。ヒルデガルトは、「数ある穀物の中でスペルト小麦は最もよい。良い肉や血液をもたらし、人間の気質に喜びをもたらす。どんな形で食べてもよく消化もよい」と賞賛しています。

スペルト小麦は、高タンパク質、複合炭水化物、必須ミネラルや微量元素など、体が健康を維持するために必要な、基本的栄養素を豊富に含んでいます。水への溶解性が非常に優れているので、消化がよく、栄養が体にすばやく吸収されて、血流に乗って全身に行き渡ります。またスペルト小麦にはアスリートにとって有益となる、筋肉のグリコーゲンの貯蔵を刺激する働きもあるそうです。

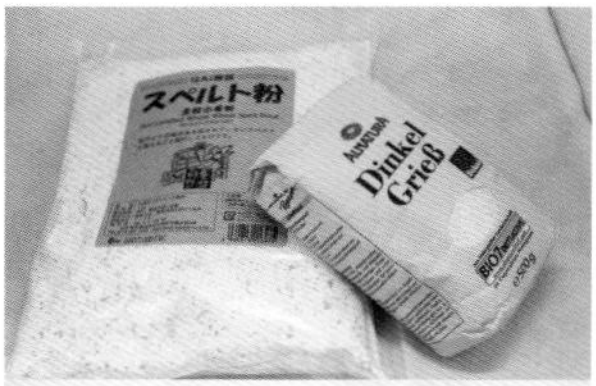

近年ヨーロッパではスペルト小麦についての研究が盛んにおこなわれており、スペルト小麦から幹細胞の形成を刺激する働きや、抗生物質様作用、抗アレルギー作用を持つ成分が発見されたとの報告があります。日本でもスペルト小麦を栽培する農家さんが増えて以前よりも入手しやすくなっています。

野菜 Gemüse

フェンネル Fenchel

中世のヨーロッパでは、悪霊を追い払うために家の戸口にフェンネルを吊るす慣習があったそうです。茎は野菜、葉はハーブ、そして種子はスパイスと用途の広い植物です。葉酸、ビタミンA、C、マグネシウムや、抗菌作用のある精油成分が豊富に含まれており、特に冬の時期のビタミンやミネラル源となる野菜です。フェンネルには、アニスを思い起こさせるやや甘い独特の味と香りがあり、これは精油成分のアネトールが多く含まれていることから生じるものですが、この独特の香味のせいか、ヨーロッパではフェンネルが苦手な子供が多いそうです。

ヒルデガルト治療学では、消化不良、鼓脹、胃酸過多や胸やけなど、あらゆる胃腸の不調に役立つレメディと考えられています。

ビーツ Rotebete

ヒルデガルトはビーツについて述べていませんが、現代のヒルデガルトの食事療法では、皮膚への有効なレメディになるとして、勧められる野菜に加えられています。特にビーツのサラダにワイルドタイムを加えて食べると、肌の調子がよくなるそうです。

パースニップ Pastinaken

パースニップ（白にんじん）は、日本ではあまり知られていませんが、古代ギリシャ時代から栽培されているとても古い根菜です。抗酸化物質や食物繊維を豊富に含んでいます。ヒルデガルトは、特に健康に役立つことも害になることもないと述べていますが、現代のヒルデガルトの食事療法では、勧める野菜のリストに加えられています。ドイツでのヒルデガルト式断食でもパースニップのスープが出されました。味わい深いおいしさです。

ひよこ豆 Kichererbse

ひよこ豆について、「消化しやすく胃にもたれず、悪い体液を増やさない。」とヒルデガルトは述べています。また発熱時にも炒ったひよこ豆を食べるよう勧めています。現代のヒルデガルトの食事療法でも勧めらている野菜のひとつです。

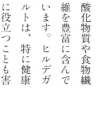

にんにく Knoblauch

世界で古くから薬として使われ、さまざまな病気を防ぐ、強力なスパイス。ヒルデガルトが生で食べても支障はないと述べる食べ物は、数えるほどしかないのですが、にんにくは意外なことに、その数少ないうちのひとつであり、健康に役立つと述べています。にんにくを調理すると、不味くなったワインのように風味が落ちてしまうと主張しています。

ホースラディッシュ Meerretich

わさび大根や西洋わさびとも呼ばれるホースラディッシュは、わさびと同じ辛み成分を含み、肉や魚料理のソースなどに使われます。消化や血行を促し、体内の粘液を排出する働きがあり、昔から肺や泌尿器の感染症に薬として使われたそうです。ヒルデガルトは、3月のほんの短い間のまだ柔らかいホースラディッシュを健康な人や体力のある人が食べると、よい体液の活力を高めるとして勧めています。

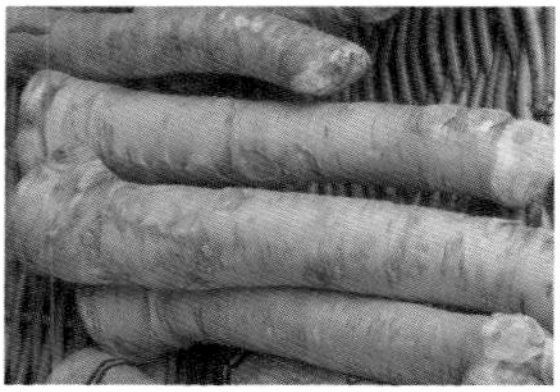

キクイモ Topinambur

北アメリカ原産、キク科のひまわりの仲間であるキクイモには、肝臓を守る働きがあります。血糖値を下げる働きもあることから、「天然のインスリン」とも呼ばれ、近年、欧米で注目を集めている野菜です。ヒルデガルトはキクイモについて述べていませんが、現代のヒルデガルトの食事療法ではキクイモは勧められる野菜に加えられています。ドイツのヒルデガルトの料理本でも、キクイモを使ったヒルデガルト料理が紹介されていることがあります。

ラプンツェル（ノヂシャ） Rapunzel

ノヂシャはグリム童話「ラプンツェル」に登場する植物です。βカロテン、ビタミンC、鉄分、カリウム、食物繊維や葉酸などを豊富に含む栄養価の高い野菜で、ヨーロッパでは葉をサラダで食べます。ドイツのヒルデガルトの断食セミナーの断食後の回復期の食事でも、サラダに使われていました。ヒ

ルデガルトはノヂシャについて言及してはいませんが、現代のヒルデガルトの食事療法では、ノヂシャ、レタス、アイスバーグレタスなどに、ゆでたスペルト小麦の実を加えてサラダで食べると血行を促すとして勧めています。

ハーブとスパイス
Kräuter und Gewürze

ベルトラム　Bertram

ベルトラムは、日本ではイワコマギクまたはピレトリウムと呼ばれるキク科の植物です。この根の粉末がヒルデガルト料理に欠かせないスパイスとして用いられます。土臭くピリッとする味が、唾液の分泌

を促します。古くから薬用として使われ、アーユルヴェーダ（インド伝統医学）ではアラルカラという名前で治療に使用されます。ヒルデガルトもレメディとしてベルトラムの働きを、「食べ物がすべてきれいに消化され、栄養が吸収されるよう助ける」と詳細に語り高く評価しています。

ガランガー　Galgant

ヒルデガルトが「奇跡の根」と呼び、多用した、ショウガ科の植物。原産はタイ、インドネシアで、薬用として、料理のスパイスとして数千年前から使われました。ヨーロッパ、ドイツへは中世初期に入り、食用や薬用に使われました。一時期ヨーロッパであまり使われなくなり

ましたが、ヒルデガルト人気が復活したことから、最近需要が増えてきたようです。現代のヒルデガルト療法で使用されるのはレッサーガランガル（コウリョウキョウ）です。味はしょうがに似ていますが、後味に辛味があるのが特徴です。しょうがで代用しても構いませんが、アジア食材店、またはインターネットでフレッシュや冷凍、乾燥ものが購入可能です。冷凍を使用される場合は解凍せずにそのまま削り落とすと使いやすいです。

スペアミント　Krausseminze

ガムや飲み物によく使われているので、誰もが親しんでいる香りでしょう。はるか昔から栽培されていて、古代ギリシャやローマでは、客が訪問してくる前にミント

の葉でテーブルを拭くという慣習があったそうで、これはスペアミントの葉ではないかと言われています。ヒルデガルトは、「スペアミントは料理によい風味を与え消化を促してもくれるが、ただし塩と同じように多く使っても少なすぎてもよくない」と述べています。塩を引き合いに出して説明しているのがおもしろいなと感じます。

ペニーロイヤルミント Poleiminze

ミントの仲間であるペニーロイヤルは、古代より薬として、また料理にも使われてきました。古代ギリシャ人はワインの香りづけに、古代ローマ時代の美食家アピキウスは肉料理などのソースに使用するなど、よく登場していましたが、中世以降はあまり使われなくなっていきました。ヒルデガルトは、「ペニーロイヤルのパウダーに同量のワインビネガーとはちみつを合わせたものを、空腹時に飲むようにすると、胃がきれいになり、視界がクリアーになる」と残しています。

フェンネル（種） Fenchel

スパイスとして使われるフェンネルの種子は、古くから消化器系の不調の緩和に使用されてきました。また女性の生殖器系への効能が知られており、フェンネルティーは女性が一生を通じて飲むとよいと言われています。食欲を正常な状態に促す働きもあり、古代ローマ時代には肥満を予防する働きがあると考えられていました。ヒルデガルトはフェンネルの種子の消化器系や視覚への有用性を認識していたようで、「空腹時にフェンネルの種子を毎日摂ると、適切な消化活動を促し、視界をクリアーにする」と述べています。

ワイルドタイム Quendel

ワイルドタイムはタイムよりも味がマイルドであるためでしょうか、ヒルデガルト料理では、スパイスとしてはワイルドタイムが多く使われます。皮膚のトラブルの原因が体内にある場合には、タイムを使った料理を頻繁に食べ、局所の肌トラブルにはワイルドタイムの軟膏を塗るよう勧めています。ま

たワイルドタイムを加えたクッキーを頻繁に食べていると脳の働きがよくなるとも言われています。

セージ　Salbei

強い香りの葉は、薬草としてだけでなく、肉料理の香りづけやスパイスとしても使われてきました。「セージは悪い体液が引き起こす体のトラブルに有効で、パンにセージの粉末をかけて食べると悪い体液を減らす」とヒルデガルトは勧めています。また温かいセージティーはリウマチ、膀胱炎、頻尿や過活動膀胱などのレメディになるそうです。セージティーは、入れたてを温かいうちに飲んでください。冷めてしまうとおいしくありません。

ヒソップ　Ysop

ヒソップは、肝臓、肺や血液をきれいにし、働きを活発にする効果があります。ヒルデガルトは、「ヒソップは非常に強健な植物で、どこに種を蒔いても育ち、石さえもそれが生える行く手を阻むことはできない」と述べています。特に悲しみにより肝臓を病んでしまったら、病気がひどくなる前に若鶏とヒソップを一緒に調理したものを頻繁に食べるよう勧めています。

ネトル　Brennessel

花粉症の症状緩和に、葉のハーブティーが役立つと広く知られているネトルは、葉や茎に細かい棘が生えており、素手でうっかり触ると棘が皮膚に刺さりヒリヒリ痛い思いをします。ヒルデガルトもそのことを承知していたのでしょう。「ネトルは棘が多いために生で食べるのはまったくよくないが、新芽が芽吹いたばかりのときに調理したものは、人間にとってよい食べ物である」と述べています。ネトルは胃の粘液を取り除いて胃をきれいにしてくれるそうです。ネトルの棘は煮ると柔らかくなります。

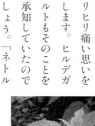

家庭で作れるハーブを使った飲みもの

ヒルデガルトが活躍した中世の時代から、ハーブやスパイスは薬として重用されてきました。ドイツ語でハーブはクロイター（Kräuter）。植物療法を積極的に取り入れている自然療法大国ドイツでは、ハーブや果物を使った飲みものがとても身近です。家庭で作れるヒルデガルトのレシピをご紹介します。

〈ジュースとティー〉

病気の予防や体調不良の緩和に、果物やハーブを使ったジュースやお茶を用いて、健康な方も楽しめるレシピを選んでみました。

ラズベリージュース

風邪などの発熱時にお勧めの飲みものです。ヒルデガルトは、「熱があり食欲のない時には、ラズベリーを水で煮たものを、温かいうちに朝と晩に飲むように」と勧めています。煮たラズベリーは取り出して、胃の上に置いて湿布にしても効果があるようです。シュトレーロフ博士（25ページ参照）は、この飲み物にガランガーのパウダーを振って飲むと、より効果的な風邪のレメディーになると述べています。

材　料　ラズベリー2カップ、水750mL、砂糖大さじ2～3

作り方　鍋にラズベリーと水を入れて火にかけ、沸騰したら砂糖を加えて火を止める。少しずつ温かいうちに飲む。

フェンネルティー

現代のヒルデガルト療法では、ハーブティーは薬効のある飲み物であり、単に喉を潤すために飲むものと考えていません。唯一家庭で気軽に飲めるハーブティーとして勧めているのがフェンネルシードのティーです。ヒルデガルトは「フェンネルやその種子を毎日食べていると、体内の悪い粘液や腐敗物を減らし、口臭を抑制し、視界をクリアーにする」と述べています。

材料（1人分）　フェンネルシード小さじ2、湯200mL

作り方　沸騰した湯にフェンネルシードを加え、5～7分煮る。こさなくてもシードが沈殿するので上澄みを飲む。

アップルジュースとフェンネルティー

アップルジュースを前述のフェンネルティーで割る飲み方です。ドイツのヒルデガルト式断食セミナーで知りました。アップルジュースとフェンネルティーを同量合わせるだけですが、ジュースの甘味が薄まるので、さっぱりとして飲みやすくなります。アップルジュースは、絞ったものでも、市販のものでも構いません。混ぜる割合は1：1を基本に、自分の好みに合う分量を試してみてください。

材料（2人分）　フェンネルティー、アップルジュース（果汁100％）各200mL

作り方　フェンネルティーを入れたら、温かいうちにアップルジュースに加える。

フェンネルとマレインのハーブティーブレンド

喉を酷使する人にお勧めのブレンドティーです。マレインはビロードモウズイカとも呼ばれる植物で、一般に花びらや葉がティーで飲まれます。
ヒルデガルトは、呼吸器系へのマレインの効用に触れており、「声がしわがれている人や、胸に痛みがある人は、同量のマレインとフェンネルをワインで煮なさい。これを布でこして、しばしば飲みなさい。声は戻り、胸の痛みも治るだろう。」と述べています。

材料（1人分）　マレインの花びら小さじ1、フェンネルシード小さじ1、水150mL
作り方　沸騰した湯にマレインの花びらとフェンネルシードを加え、10～15分置き、こして温かいうちに飲む。

バルサムギクとフェンネルのブレンドティー

ミントとレモンを合わせたような「バルサム」の香りがする植物として、親しまれている植物バルサムギク（英名コストマリー）。バルサムギクとフェンネルのブレンドティーは、元気を取り戻し、神経を強くし、考えをクリアーにする効果があります。ストレスを抱えている時や不眠時にお勧めのティーです。ポイントは、冷ましたものを飲むこと。そして1日に1～2Lを2～3週間、飲み続けると効果が感じられるようになるそうです。
ヒルデガルト治療学の父ともいえるヘルツカ医師は、このティーをNerventee（神経のためのティー）と呼んでいました。

材料（1リットル分）　バルサムギクの葉小さじ1、フェンネルシード小さじ3、水1L
作り方　鍋に材料をすべて入れ、火にかけて沸騰させたものをこす。冷まして飲むのが効果的。

イエーガーマイスターのジュース割り

ドイツに「イエーガーマイスター（Jägermeister）」というハーブリキュールがあります。ヒルデガルトがその効能を書き残しているリコリス、シナモンやフェンネル、ジュニパーベリーなどのほか、オレンジピール、ジンジャー、カモミールなど56種ものハーブやスパイスを使って作られています。アルコール分が35%あるのでストレートでは飲みにくいかもしれませんが、オレンジジュースやアップルジュースで割るととても飲みやすくなります。また、炭酸水やジンジャエールで割ってもおいしいです。醸造元はイエーガーマイスターは冷やして飲むよう勧めています。

材料（1人分）　イエーガーマイスター25mL、オレンジまたはアップルジュース100mL
作り方　材料をグラスなどに入れてよく混ぜる。

〈ワインを使ったレメディ〉

ヒルデガルトは、ワインを薬とみなしていました。彼女が書き残したレメディのレシピは、ほとんどがハーブやスパイスをワインで煮て作ります。

クエンチワイン

沸騰させたワインに水を加えて作るクエンチワイン。ヒルデガルトは、「もし怒りが沸き起こってきたなら、ワインを火にかけ沸騰させて、そこに冷たい水を加えたものを飲みなさい。そうすれば気分が楽になるだろう」と述べています。怒りや悲しみを和らげる効果があり、ナイトキャップにもなります。

作り方は簡単です。グラス 1/2 杯のワイン（赤白どちらでも）を火にかけ沸騰したら、少量の冷たい水を加えます。これを温かいうちに少しずつ飲みます。

パセリ & ハニーワイン

「ハートワイン」として広く知られる、ヒルデガルトの心臓のためのエリキシル（飲み薬）です。ヒルデガルトは、「心臓、脾臓やわき腹が苦しく感じる人は、ワインにパセリと少量の酢とはちみつを加えて煮なさい。これをこしてしばしば飲んでいるとよくなるだろう」と述べています。

現代になり、最初にヒルデガルトのレメディを治療に採り入れたヘルツカ医師は、このエリキシルについて「使用するタイミングがよければ、早期の心臓病の予防になり、不調を回復させる」と述べています。ドイツで参加したヒルデガルト式断食セミナーでも、疲れや怠さを感じる時に飲むようにとこのエリキシルが配られ、私も度々飲んでいました。不眠には、就寝前にカップ 1/2 杯を少しずつ飲むのがよいようです。

材料（作りやすい分量）　赤ワイン 1 本（750mL）、葉付きのパセリの茎 8 〜 10 本、ワインビネガー大さじ 2、はちみつ 150g

※パセリは、イタリアンパセリがお勧めですが、普通のパセリでもOK。

作り方
1. 赤ワインにパセリの茎、ワインビネガーを加えて火にかけ、沸騰させて 5 分煮る。
2. はちみつを加えてさらに 5 分煮て、こし器でこして、煮沸した瓶に入れる。

ローズヒップワイン

ドックローズ（原種のバラのひとつ）の葉のついた枝を使って作る、ヒルデガルトのローズワインをアレンジ。ドックローズの葉や枝の代わりに、ドックローズの実、ローズヒップのティーを使います。ビタミン C がたっぷりで体が温まります。

ドイツでは、ドックローズは伝統的民間療法やハーブ療法に使われ、消化器系や泌尿器系のトラブル、リウマチや風邪などに効果があるとされています。ヒルデガルトは、ローズワインを肺の不調に勧めています。

材料（1 人分）　ワイン（赤白どちらでも）100mL、ローズヒップ小さじ 1 〜 2、熱湯 100mL、はちみつ小さじ 1

作り方
1. ローズヒップを砕いてカップに入れ、熱湯 100mL を注いで 2 分ほど置き、ローズヒップティーを作る。
2. 小鍋にワインを入れて火にかけ、沸騰寸前に 1 を加えて（ローズヒップは、こさずに一緒に入れる）1 〜 2 分弱火で煮る。
3. 火から下ろしてこし、はちみつを加えて溶けるまで混ぜる。

＊好みでシナモンパウダーを少し加えてもおいしい。ローズヒップティーが手に入らない時は、広く市販されているローズヒップ&ハイビスカスのティーバッグを使ってください。

フェンネルのワイン

ヒルデガルトは、このワインを肝臓に特によいと記しています。「リコリスと、より多めのシナモン、それよりも多めのヒソップ、それより多めのフェンネルに、ハーブの苦みを打ち消す十分な量のはちみつを加えて煮る。これを9日間寝かせて、こしたものを飲むように」と、また「軽い朝食の後と寝る前に飲むとよい」と勧めています。

材料（作りやすい分量）　白ワイン1本（750mL）、リコリス（天草カンゾウ）2g、シナモンパウダー3g、ヒソップ4g、フェンネルシード5g、はちみつ50g

作り方
1. はちみつ以外の材料をすべて鍋に入れて火にかけ、沸騰させないように弱火で10分程煮る。
2. はちみつを加え、よく混ぜ数分煮たら、こし器でこして、煮沸した瓶に入れ密封する。2～3日経ってから飲む。

グリューワイン

ドイツのクリスマス風物詩ともいわれるグリューワイン。クリスマスマーケットでは多くの人がこのワインのカップを手に歩く姿が見られます。この飲み物はヒルデガルトが、ワインに香辛料を入れ温め、人々に飲ませていたものが起源で、病気にならないために考えられた、健康ドリンクでした。
1400年代には一般的に飲まれるようになったようで、伯爵であった、カッツエネルンボーゲン村のヨハン4世がグリューワインに関して記したものが残っています。カッツエネルンボーゲン村はヒルデガルトがいた修道院の近くであり、ヒルデガルト考案のスパイス入りワインが、時代と共にグリューワインとして伝わったのです。

材料（2人分）　赤ワイン400mL、オレンジスライス4枚、レモンスライス4枚、クローブ2個　シナモンスティック1本、ローリエ（小1）枚、砂糖大さじ2、ジュニパーベリー3～5粒

作り方
1. 手鍋に材料全部を入れて火にかけ、沸騰寸前に弱火にして15分煮る。
2. 茶こしなどでこしながらカップに注ぐ。熱いうちに飲む。
＊赤ワインは火にかけるので高級なものでなくてOK。香辛料は全部揃わなくてもあるものでよく、砂糖の量はお好みで。多く作る場合は、煮る時間を長めにしてください。

①グリューワインに使われる、柑橘類やハーブ。②大きな鍋で大量に作られている様子。③クヴェードリンブルクのクリスマスマーケット。④グリューワイン片手にマーケットを回る人々。写真提供：ドイツ政府観光局

ヒルデガルトの元気が出るクッキー　Nervenkeks

「喜びのクッキー」、「エネルギークッキー」として広く知られる、ヒルデガルトのクッキーです。ヒルデガルトは、シナモン、ナツメグとクローヴに全粒小麦粉と水でクッキーを作りなさいと記していますが、現代ではスペルト小麦で作るのがお決まりとなっています。このクッキーをしばしば食べていると、気持ちや心が落ち着き、心や五感が開かれていくそうです。

材料（作りやすい分量）

バター		125g
ブラウンシュガー		75g
卵		1個
A	スペルト小麦粉	200g
	アーモンドプードル	100g
	シナモン（粉）	10g
	ナツメグ（粉）	10g
	クローブ（粉）	5g
塩		1つまみ

作り方

1. 常温に戻したバターを木べらなどでよく混ぜ合わせ、クリーミーにする。
2. ブラウンシュガーを加え混ぜ、さらに卵を溶いて加え混ぜる。
3. Aの材料をすべて振るって2に加えてよく混ぜ合わせ、ひとまとめにしてラップで包み、冷蔵庫で30分〜1時間寝かせる。
4. 3をめん棒で5㎜程度の厚さに伸ばし、型で抜く。天板にオーブンシートを敷き、170℃に熱したオーブンで15〜20分焼く。

ガスオーブンの場合、焼いている途中で方向を変えると全体が同じような色に焼きあがります。

めん棒で伸ばす厚さによって焼く時間も異なります。あまり厚いよりも薄めの方がパリっと食べやすくなります。

Part 2

スープ料理

当時のスープは食事一食分とみなし、たっぷりと飲まれました。現在でもドイツでは、スープは「飲む」ではなく「食べる」と言います。根セロリ、フェンネル、ビーツなど日本ではまだなじみの薄い野菜、また果実であるりんごや栗なども使われています。おいしさと健康を兼ね備えた新しい味に、ご家庭でチャレンジしてください。

スペルト小麦とアーモンドのスープ

スペルト小麦はヒルデガルト料理に欠かせない食材です。ヒルデガルトは、「スペルト小麦は最高の穀物であり、引き締まった肉とよい血液を作り、幸福な心や喜びに満ちた精神をもたらす」と述べています。またアーモンドは、脳が虚ろな人や頭痛のため顔色が悪い人に頻繁に食べるよう勧めています。

材料（4人分）

長ねぎ	50g
にんじん	50g
ひまわり油	大さじ1/2
スペルト小麦（粗挽き）	100g
野菜ブイヨン	600mL
オレガノ	小さじ1/2
アーモンド（粗挽き）	20g
塩・こしょう	各適量

作り方

1. 長ねぎの白い部分だけを1cm角に切る。にんじんの皮をむき、1cm角に切る。
2. 鍋にひまわり油を入れ、1を加え中火にして色がつかない程度に炒め、スペルト小麦を加える。
3. 野菜のブイヨンとオレガノを加え約20分煮る。
4. 塩とこしょうで味を調え、粗挽きアーモンドを振りかける。

Dinkel - Mandel-Suppe

スペルト小麦とアーモンドのスープ

スペルト小麦の粗挽きがない場合は、スペルト小麦粉を使用してください。その場合、小麦粉を鍋に入れたら全体をよく混ぜ合わせてから、冷たいブイヨンを加えてください。

ボルシチスープ　アーモンド風味

このスープに使われる玉ねぎについてヒルデガルトは、「生で食べるのは有害なハーブの汁と同じくらいの有害で有毒であるが、調理して食べれば悪寒や発熱などにも効き、健康に役立つ」と述べています。ガランガーについては、「全ての臓器、特に心臓の働きを活発にする」と述べています。

材料（4人分）

A	ビーツ	300g
	玉ねぎ	50g
	にんじん	50g
	根セロリ	100g
バター		12g（大さじ1）
にんにく（みじん切り）		1片
B	ガランガー	1つまみ
	ベルトラム	1つまみ
	クローヴ（粉末）	1つまみ
チキンブイヨン		300mL
レモン汁		大さじ1
塩		適量
サワークリーム		60mL
アーモンド（細かく砕く）		小さじ4

作り方

1. Aの野菜の皮をむき、ぶつ切りにする。
2. 鍋にバターを入れ弱火にかけ、1を入れて炒める。
3. にんにくとBの香辛料を加え軽く炒めたら、チキンブイヨンを入れて中火にし、沸騰したら弱火にして20分煮る。
4. 3の粗熱を取り、ミキサーにかけてクリーミーにする。
5. レモン汁、塩で味を調える。
6. サワークリームを浮かし、アーモンドを散らす。

Borschtsch mit Mandelcremesuppe

ボルシチスープ　アーモンド風味

アーモンドはスライスしたものを使っても結構です。使う前に空炒りすると、アーモンドの香りがより引き立ちます。

ビーツのクリームスープ　ペニーロイヤルミント風味

ヒルデガルトはビーツについて書き残していませんが、肌のトラブルに役立つとして、現代のヒルデガルトの食事療法では勧められる野菜に加えられています。ペニーロイヤルミントは、美徳が宿っているとヒルデガルトが挙げる15種のハーブのひとつで、健胃、解熱に役立つそうです。日本のスーパーや食料品店のハーブ売り場では見かけませんが、苗は販売されているので、育ててみるのもよいかもしれません。ない場合は他のミントで代用します。

材料（4人分）

ビーツ	500g
玉ねぎ	100g
りんご	1個
バター	大さじ1
野菜ブイヨン	500mL
ガランガー、ガラムマサラ	各少々
塩、こしょう	各適量
生クリーム	25mL
白ワイン	適量
ペニーロイヤルミント（フレッシュ）	適量

作り方

1. ビーツの皮をむき、粗くおろす。玉ねぎは皮をむいてみじん切りにする。りんごは皮をむき、いちょう切りにする。
2. 深さのある鍋にバターを入れ、玉ねぎを色がつかないように炒める。
3. りんごを加えてさっと炒め、ビーツを加え、ブイヨンを注ぐ。塩、ガランガー、ガラムマサラを加え柔らかくなるまで煮る。
4. 3の粗熱を取り、ミキサーにかけてクリーミーにし鍋に戻す。
5. こしょうと生クリーム、白ワインを加えて混ぜる。
6. 器に盛り、ペニーロイヤルミントを浮かす。

Rote-Bete-Cremesuppe

ビーツのクリームスープ　ペニーロイヤルミント風味

ビーツにりんごが入ったスープです。よりまろやかで、お子様にも勧められるスープですが、その場合はワインを入れないでください。ビーツはおろさないで、薄く切っても大丈夫です。色がつかないように弱火でゆっくりと炒めるのがおいしさを引き出すポイントです。

りんごと根セロリのスープ

ヒルデガルトは、セロリを生で食べることを勧めておらず、熱を加えるなど調理して食べると、よい体液を増やすと述べています。りんごはヒルデガルトが勧める果物のひとつですが、病気の人は、煮たり焼いたり調理して食べるよう勧めています。

ヒルデガルトはローフードはあまり勧めていませんが、じっくり煮込むスープは、野菜や果物の栄養を引き出し、食べやすくする調理法と言えそうです。

材料（4人分）

根セロリ	250g
りんご	150g
玉ねぎ	50g
バター	20g
野菜ブイヨン	500mL
生クリーム	100mL
塩、こしょう	各適量
クルトン	適量

作り方

1. 根セロリ、りんご、玉ねぎの皮をむき、1cm角くらいに切る。
2. 深さのある鍋にバターを入れて弱火にかけ、1を加え、色がつかないように5分程炒める。
3. 野菜ブイヨンを加え、ふたをして弱火で20〜30分煮る。
4. 3の粗熱を取り、ミキサーにかけクリーミーにする。
5. 鍋に戻し、生クリームを加え温め、塩とこしょうで味を調える。
6. 器に盛り、クルトンを浮かせる。

Apfel-Sellerie-Suppe

りんごと根セロリのスープ

野菜ブイヨンを手作りする場合は、玉ねぎ、にんじん、セロリ、長ねぎなどを薄く切り、水から煮て沸騰したら弱火にして 15 分程ゆでて、野菜を取り出してできあがります。野菜くずを利用して作り、冷凍庫などにストックしておいてもいいでしょう。
スープをミキサーにかける前に、根セロリが柔らかくなったかどうかを確かめてください。
クルトンは食パンを 1cm 角に切り、バターで炒めるとよりおいしいです。

栗とフェンネル、野菜のクリームスープ

「栗の木の効力、そしてその実は人のあらゆる病気に役立つ」。
栗とフェンネルは共に、ヒルデガルトが１００％健康に役立つと勧めている食べ物です。スープからデザートまで、あらゆる料理に登場します。そして「栗の実は体の虚弱を取り除き、心臓、肝臓や胃腸を強化する」とも述べています。

材料（4人分）

栗（正味）	300g
フェンネルの茎	100g
チキンブイヨン	300cc
バター	2g（小さじ1/2）
にんにく（みじん切り）	少々
生クリーム	200mL
ナツメグ、ガランガー、ベルトラム	各適量
塩・こしょう	各適量

作り方

1. 栗をゆでて皮をむき、薄切りにする。フェンネルも同様に薄切りにする。
2. 鍋にチキンブイヨンを入れて中火にかけ、1を加えて柔らかくなるまで約20分煮る。
3. 2の粗熱を取り、ミキサーにかけてペースト状になるまで攪拌する。
4. 別の鍋にバターを入れ、にんにくを軽く炒め、3と半量の生クリームとナツメグ、ガランガー、ベルトラムを加え数分煮る。
5. 塩、こしょうで味を調える。
6. 残りの生クリームを軽く泡立て、器に盛ったスープの上にかける。

Kastanien-Fenchel-Creme-Suppe

栗とフェンネル野菜のクリームスープ

皮付きの栗 500g ほどで正味 300g になります。フェンネルの茎に葉が付いていたら、その葉をスープに浮かせましょう。ナツメグは粉、ガランガーは生を使う場合はしょうがのようにおろしてください。スパイスはあるもので大丈夫です。

スパイシーなかぼちゃのスープ

ヒルデガルトは、かぼちゃについてその効能には触れていませんが、ただ「健康な人も病気の人も食べるとよい」と述べています。またアーモンドについては、「肺を病み肝臓が傷付いている人に力を与える」として勧めています。

材料（4人分）

かぼちゃ	300g
セロリ、にんじん、フェンネル	各50g
アーモンドミルク	300mL
生クリーム	50mL
塩	適量
ガラムマサラ	適量

作り方

1. 野菜類の皮をむき、早くゆであがるよう小さめの角切りにする。
2. 鍋に湯を沸かし、塩ひとつまみを加え、1を柔らかくなるまでゆで、ザルなどにあける。
3. 2を、ポテトマッシャーでつぶすか、ミキサーにかけて攪拌する。
4. 3を鍋に戻し、アーモンドミルクと生クリームを加え再度火にかける。
5. ガラムマサラを加え、味を調え、器に盛る。

Kürbissuppe mit Garam

スパイシーなかぼちゃのスープ

お子様用にはガラムマサラを入れる前に取り分けるようにするとよいでしょう。
ガラムマサラは市販のものもありますが、手作りもできます。
クミン粉 20g、コリアンダー粉 20g、シナモン粉 5g、クローヴ粉 5g、ナツメグ粉 5g、カルダモン粉 5g、黒コショウ粉 10g をミックスします。辛味を強くしたい場合は少量のカイエンペッパー粉を加えます。香り高いガラムマサラができます。

にんじんとパセリのスープ

パセリは、心臓の痛みや不調に役立つとして広く知られるヒルデガルトのレメディ、パセリ＆ハニーワインに使われています。

またパセリは、ヒルデガルトが「調理して食べるよりも生で食べる方が好ましく有用である」と述べる数少ない野菜のひとつです。

材料（4人分）

玉ねぎ	100g
根セロリ	100g
にんじん	300g
にんにく	1片
ひまわり油	大さじ1
クローブ（粉）	少々（粒なら2〜3個分）
チキンブイヨン	500mL
パセリ（葉のみ）	2枝分
牛乳	100mL
クルトン	適量

作り方

1. 玉ねぎ、根セロリ、にんじんは粗いみじん切りに、にんにくはみじん切りにする。
2. 鍋にひまわり油を入れて弱火にかけ、玉ねぎ、根セロリ、にんにくを5〜6分炒める。
3. にんじんとクローヴを加えさらに炒め、チキンブイヨンを注いで強火にし、沸騰したら弱火にして約10分煮る。
4. パセリを加えてさらに煮込み、粗熱を取ってミキサーにかけてクリーミーにする。
5. 4を鍋に戻し、牛乳を加えて温める。
6. 器に盛り、クルトンを浮かす。

Karotten-Petersiliensuppe

にんじんとパセリのスープ

パセリはイタリアンパセリでも普通のパセリでも OK ですが、葉の部分だけ使用してください。根セロリがない場合はセロリを使ってください。その場合は皮剥きで皮をむいてから使ってください。

クレソンのスープ

ヒルデガルトは、クレソンの効力は水から生まれたものなので、蒸したクレソンを食べると消化機能の改善や発熱時のレメディになると述べています。

材料（4人分）

クレソンの葉	60g
長ねぎ	20g
バター	4g（小さじ1）
スペルト小麦粉	小さじ1
チキンブイヨン	500mL
牛乳	100mL
塩・こしょう	各適量
生クリーム	30mL

作り方

1. クレソンは葉だけにする。長ねぎを薄い輪切りにする。
2. 鍋にバターを入れて弱火にかけ、1を加えバターがなじむ程度に炒める。
3. スペルト小麦粉を加え、全体がなじんだらチキンブイヨンを加えて強火にし、沸騰したら弱火にして、20分ほど煮る。
4. 粗熱を取り、ミキサーにかけて撹拌しクリーミーにする。
5. 鍋に戻し、牛乳を加えて温め、塩、こしょうで味を調える。
6. 生クリームを軽くホイップする。
7. スープを器に盛り、6を浮かせる。

Wasserkressesuppe

クレソンのスープ

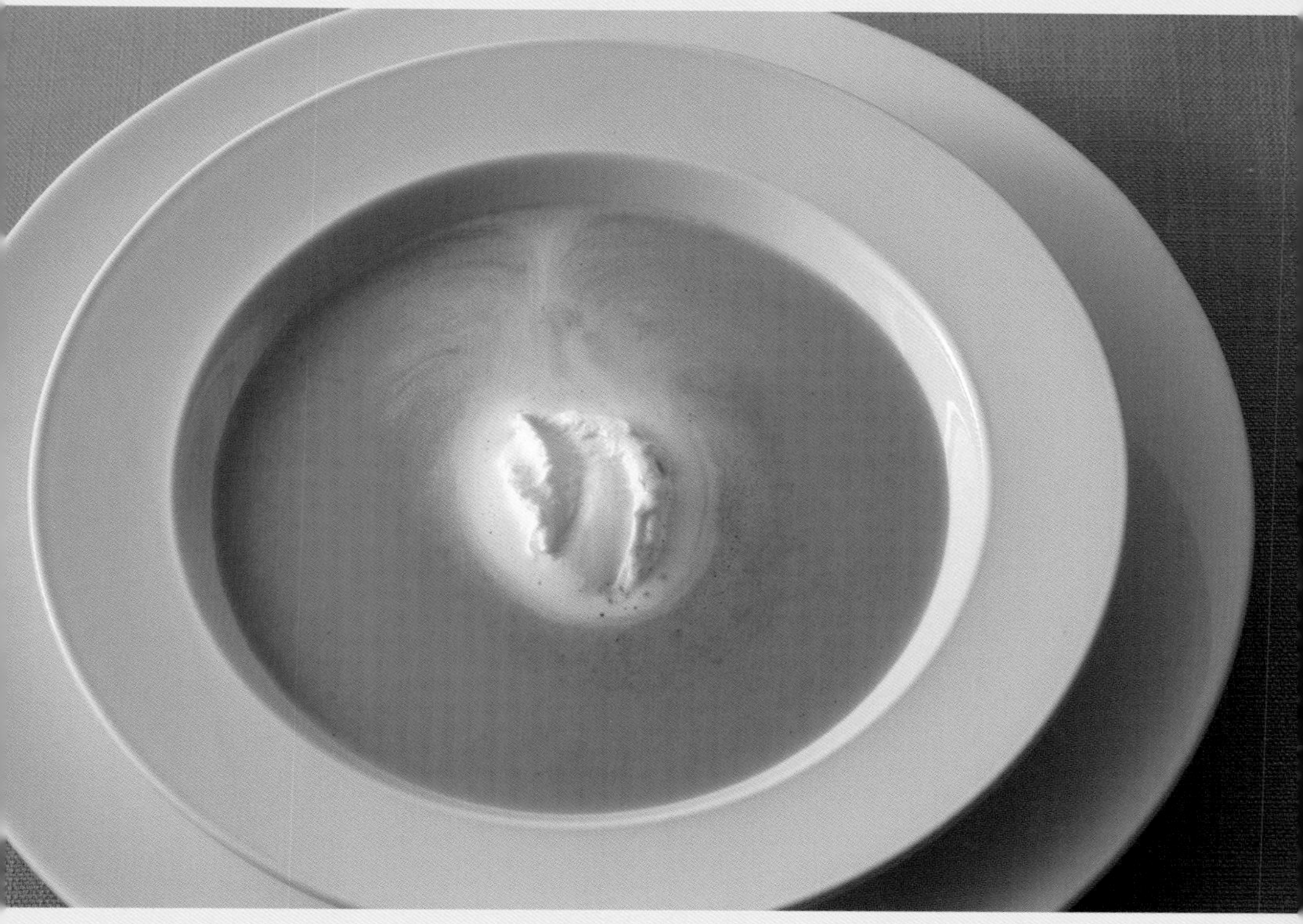

弱火で小麦粉を焦がさないように炒めるのがポイント。ブイヨンを加えたら、沸騰するまで強火にしてください。沸騰したら弱火に戻し、ゆっくりと煮込みます。

コンソメスープ　スペルト小麦粉の香草クレープ入り

ドイツのヒルデガルト式断食セミナーで、断食後の回復期にも出されたスープです。チキンスープに、スペルト小麦と香草のクレープの細切りが入っていて、優しい味わいは体全体に染み渡るようでした。栄養価が高く消化のよいスペルト小麦は、ヒルデガルトの食事療法の中心となる食べ物です。

材料（4人分）

クレープの材料（作りやすい分量）

スペルト小麦粉	70g
塩	1つまみ
卵	1個
牛乳	200g
無塩バター	15g
パセリ（みじん切り）	30g（大さじ2）
ガランガー（みじん切り）	適量

チキンコンソメスープ	600mL

作り方

1. クレープを作る。ボウルにスペルト小麦粉と塩を入れ、卵を割り入れる。
2. 牛乳を少量ずつ加え、泡立て器でなめらかな状態になるまでていねいに混ぜ合わせる。
3. 鍋にバターを入れて弱火にかけ、バターが溶けたら2に加える。パセリとガランガーのみじん切りも加えて混ぜる。
4. 厚手のフライパンにバターを薄く塗り、3の生地を薄く流し入れ中火で両面に薄い色が付く程度に焼く。同様に何枚か焼く（6～7枚焼ける）。
5. 焼き終わったら、冷やして帯状に切る。
6. チキンコンソメスープを温め、5を加え、器に盛る。

フレーデルズッペ（Flädlesuppe）はドイツの呼び方。オーストリアではフリターテンズッペ、フランスではコンソメ セレスティーヌ、みな同じようにクレープを小さく切ったものを入れたスープです。それをヒルデガルト風に作ったのがこのレシピです。クレープの量は好みで。作りやすい分量で表記しましたが6～8名分できますので、他の料理に使っても。残ったら冷凍保存もできます。

Flädlesuppe

コンソメスープ　スペルト小麦粉の香草クレープ入り

仔牛すね骨のコンソメスープ 仔牛レバーの団子入り

ヒルデガルトは、手足や関節に刺すような痛みや胃に痛みがあるなら、牛のすね骨を煮て作るスープをたくさん摂るよう勧めています。ドイツの家庭では、子供の骨が丈夫になるようにと、おばあちゃん達は孫に牛のすね骨のスープを作って食べさせるそうです。ヒルデガルトの時代の教えが、現代も息づいています。

材料（5～6人分）

仔牛の足の骨筒切り	2kg
塩	1つまみ
にんじん	200g
セロリの茎	1本
パセリの茎	適量
長ねぎ	1本
にんにく	1片
玉ねぎ（ローリエ1枚とクローヴ数個を刺したもの）	1個
白ワインヴィネガー	100mL
浮き身野菜	
フェンネルの茎	50g
にんじん	50g
仔牛のレバー団子	
仔牛のレバー	50g
玉ねぎのみじん切り	25g
パセリのみじん切り	大さじ1
バター	適量
サンドウィッチ用食パン	40g
牛乳	20mL
溶き卵（Sサイズ）	1/2個分
レモン汁	数滴
塩、こしょう	適量
パセリと万能ねぎ	飾り用

作り方

1. スープを作る。仔牛の骨を沸騰したお湯に数分ゆで、アクをとる。
2. 1をざるなどにあけ、骨を取り、水でよく洗って鍋に戻す。新しい水を5L注ぎ、白ワインヴィネガー、塩を加えて強火にかける。
3. 沸騰したら弱火にし、野菜を加え約5時間煮る。
4. 漉し網で漉す。
5. 4より使用する分（1人分150～180mL）を鍋に戻し、浮き身野菜をダイス切りにして加え、柔らかくなるまで弱火で煮る。
6. 仔牛レバー団子を作る。玉ねぎとパセリのみじん切りを、色がつかないようにバターで炒める。
7. ボウルにパンの白い部分だけを細かくちぎって入れ、温めた牛乳を加えて浸す。
8. 仔牛レバーをミンサーなどにかけ、6、7と卵、レモン汁を加えてよく混ぜ合わせ、塩、こしょうで薄味に調える。
9. 8をスプーンを使ってボール状に丸め熱くしたブイヨンに加え数分間沸騰させないように煮る。
10. 器に盛り、パセリと万能ねぎのみじん切りを散らす

Kalbsfuß-Suppe

仔牛すね骨のコンソメスープ　仔牛レバーの団子入り

仔牛のレバーを柔らかな団子状にした、南ドイツでよく食べられている料理です。レバーが苦手な方でもおいしく食べられます。鶏のレバーを使って、チキンブイヨンやチキンコンソメスープで同様に作ってもいいでしょう。

仔羊のコンソメスープ　レモン風味

ヒルデガルトは、羊肉を夏に食べるよう勧めています。また「身体が弱っていたり、血管が衰えている人は、羊肉を煮出して作るスープをしばしば飲みなさい」とも述べています。豆類についても、腸の痛みには温かい豆の煮汁をしばしば飲むとよくなると述べています。

材料（4人分）

	にんじん	50g
	フェンネル	250g（約1個）
	仔羊肉	150g
	ひまわり油	適量
	野菜ブイヨン	1L
	セイボリー	1つまみ
	ワイルドタイム（粉）	小さじ1/2
	タイム（フレッシュ）	1枝
	白いんげん豆（ゆでたもの）	100g
A	ヒソップ（粉）	小さじ1/2
A	ガランガー（粉）	小さじ1/2
A	塩	適量
A	レモン汁	1/4個分
A	にんにく	1/2片
	パセリ（みじん切り）	1/2束分

作り方

1. にんじんの皮をむき、1cm角に切る。
2. フェンネルを水洗いし、繊維に逆らって薄く切る。
3. 仔羊肉もにんじんと同様に角切りにする。
4. 鍋にひまわり油を入れ火にかけ、2のフェンネルを弱火で炒める。
5. 3を加え、肉の表面をよく焼くように炒め、野菜ブイヨンを加えて強火にする。
6. セイボリーとワイルドタイム、タイムを加え沸騰させ、弱火で約20分煮る。
7. にんじんを加えて5分煮たら、白いんげん豆を加え、さらに5分煮る。
8. Aを加え、味を調える。
9. 最後ににんにくを取り出し、パセリを散らす。

Herzhafte Lamm-kraftsuppe mit Zitrone

仔羊のコンソメスープ　レモン風味

白いんげん豆は一晩水に漬け、その後水からゆでます。時間がなければ水煮を使用してもいいでしょう。野菜ブイヨンはにんじん、キャベツ、玉ねぎ、長ねぎなどの皮や端とタイム、ローズマリー、ローリエを少量加え、水から沸騰させないように 15 分ほどゆで、汁だけ使用します。

ミネストローネスープ　スペルト小麦入り

フェンネル、セロリや豆類はどれもヒルデガルトが健康に役立つとして勧める野菜ですが、特にフェンネルはヒルデガルトが最も勧める野菜です。フェンネルはどんな形で食べても消化を助け、美しい皮膚を作り、体臭や口臭を抑える効果があり、幸せな気分にする働きがあると述べています。

材料（4人分）

フェンネルの茎	40g
にんじん	60g
ズッキーニ	60g
根セロリ	60g
玉ねぎ	60g
にんにく	1片
チキンブイヨン	450mL
スペルト小麦（ゆでたもの）	大さじ4
塩、こしょう	各適量
セージ、バジル（フレッシュ）	適量
パルミジャーノチーズ（おろす）	適量

作り方

1. 野菜はすべて皮をむき、1cm角に切る。にんにくは切らずに使う。
2. チキンブイヨンを温め、1を加えて強火にかけ、沸騰したら弱火にして15分煮る。
3. スペルト小麦を加え、数分ゆでてからにんにくを取り除く。
4. 塩、こしょうで味を調え、セージ、バジルを適当な大きさにちぎって加える。
5. 器に盛り、チーズを振る。

Minestrone mit Dinkelkörnern

ミネストローネスープ　スペルト小麦入り

にんにくは香り付け用なので、取り出しますが、もちろんそのままにんにくを食べることもできます。スペルト小麦はゆでたものを常備しておくと、スープやサラダに便利に使えます。量は好みの量で。

ヒルデガルトが最初に修道院生活を送った、ディジボーデンベルクのザンクト・ディジボード修道院址。
©aharadesertfox by commons

リューデスハイムの聖ヒルデガルト修道院の庭に佇むヒルデガルトの像。©Gerda Arendt by commons

Part 3

野菜料理

ドイツをはじめヨーロッパ諸国では、ベジタリアン人口は多く、日本でも関心を持つ人が確実に増えてきているようです。野菜は食事に欠かせないものであり、その栄養や健康効果は多くの人が認めるところです。ドイツには野菜を使った料理は数えきれないほどあります。その中からヒルデガルトお勧めの野菜を使った料理をご紹介します。

温製フェンネルと根セロリのサラダ

フェンネルと根セロリを使った香り高いサラダです。ヒルデガルトはフェンネルを、あらゆる胃腸の不調に役立つ万能のレメディと言っています。クエンデルはワイルドタイムのことです。ヒルデガルトは「ワイルドタイムを肉や野菜と一緒に調理して食べるようにすると、体の内側から癒され、皮膚がきれいになるだろう」と述べています。また脳が空っぽになったように働きが悪い時に、ワイルドタイム入りのクッキーを勧めています。

材料（4人分）

フェンネル茎		400g
根セロリ		300g
玉ねぎ		100g
にんにく		1片
A	クエンデル	小さじ1
	ベルトラム	1つまみ
	ローリエ	1枚
スペルト小麦（ゆでたもの）		200g
塩、黒こしょう		各適量
レモン汁		1個分
ひまわり油		大さじ4
パセリ（みじん切り）		大さじ4

作り方

1. 野菜の皮をむき、2cm角に切る。にんにくは粒のままで。
2. 鍋に水800mL入れ、1とAを加えて中火にかける。沸騰したら弱火にする。
3. 野菜に歯ごたえがある程度にゆで、最後にスペルト小麦を加えて火を止める。
4. 3をザルにあけてボウルに移し、塩、こしょうで味を調え、レモン汁とひまわり油で合え、器に盛りパセリを振る。

鍋の水は香辛料も入れるので野菜が沈む程度で結構です。沸騰したら弱火でゆっくりと茹でてください。野菜の堅さはお好みで調節してください。

Warmer Fenchel-Sellerie-Salat

温製フェンネルと根セロリのサラダ

スペルト小麦とビーツとりんごのサラダ

スペルト小麦は栄養価が高く、胃腸に優しいので、ヒルデガルトは健康な人にも病弱な人にも勧めています。最近では日本でも国産のものが手に入るようになりました。風味もよく、食べ応えもあるので、サラダやスープに加えるのがお勧めです。ゆでて冷蔵庫で保存しておくと手軽に使えます。

材料（4人分）

スペルト小麦	160g
ビーツ（水煮）	200g
ホースラディッシュ（すりおろし）	大さじ1
りんご	1個
レモン汁	1/2個分
パセリ（みじん切り）	大さじ1
ガランガー（みじん切り）	小さじ1
ベルトラム	1つまみ
ひまわり油	大さじ1
塩、こしょう	各適量

作り方

1. ビーツとりんごを1cm程度の角切りにし、レモン汁を振る。
2. ゆでて、冷ましたスペルト小麦をボウルに入れ、1を加え、ホースラディッシュを加えて混ぜる。
3. パセリとガランガー、ベルトラムを加えて混ぜる。
4. 塩、こしょうで味を調え、ひまわり油を加えて混ぜ合わせる。

スペルト小麦は、ゆでる前にたっぷりの水でふやかしておくと、ふっくらと仕上がる。

ベジタリアンにも喜ばれる、パーティやブランチなどに最適なサラダです。生のビーツが手に入った時は、沸騰したお湯に塩を加え皮のままゆでて、柔らかくなったら、冷やしてから皮をむいて切ってください。ホースラディッシュは西洋わさびです。最近はおろしたものが瓶詰やチューブ入りでも売られています。

Dinkel-Rote-Bete-Salat

スペルト小麦とビーツとりんごのサラダ

野菜の盛り合わせ　ヒルデガルトのヨーグルトソース

ドイツでのヒルデガルト式断食セミナーで、断食後の回復期に出された野菜料理です。フェンネル、パースニップ、ビーツ、にんじんは、どれも現代のヒルデガルトの食事療法で健康に役立つと勧めている野菜です。断食後の料理だったせいか、どの野菜もとても柔らかく煮込んでありました。ヒルデガルトによると、野菜は生食ではなく、消化を助けるために必ず調理すること、または塩、オイルや酢などに漬けるなどして、手を加えてから食べることが健康によいとされています。

材料（2人分）

パースニップ	100g
ビーツ	100g
にんじん	100g
フェンネルの茎	1/2株分

ヨーグルトソース

玉ねぎ（みじん切り）	100g
プレーンヨーグルト	300mL
レモン汁	1個分
パセリ、万能ねぎ（みじん切り）	各適量
にんにく（すりおろす）	1片

作り方

1. 野菜は皮をむき、拍子木切りにする。鍋に湯をわかし、柔らかめにゆで、ざるにあげておく。
2. ヨーグルトソースを作る。玉ねぎのみじん切りはサッとゆでる。
3. すべての材料をボウルに入れ、泡立て器で混ぜ合わせる。
4. 野菜を器に盛り、3をかける。

Verschiedene Gemüse mit Joghurtsoße

野菜の盛り合わせ　ヒルデガルトのヨーグルトソース

パースニップは冬から春にかけて、日本でも少量ですが市場に出回ります。なければにんじんだけでもいいでしょう。ヨーグルトソースは他のサラダ、野菜料理にも利用できます。

栗とフェンネルのテリーヌ　〝偽りのウサギ〟

ベルリンで参加したヒルデガルトのイベントのランチに出された料理です。料理に使われている栗とフェンネルは、ヒルデガルトが人間の健康に１００％役立つとして挙げる３つの食べ物のうちの２つです。

「偽りのウサギ」とは、ドイツでよく使われる料理用語で、いくつかのいわれがあります。ウサギの形をしたテリーヌ型で焼いた料理。また、戦後の食糧危機の時代、ウサギ肉が高騰したため豚のひき肉を使って作った料理、などです。

材料（30㎝のテリーヌ型）

栗（ゆでたもの）		400g
フェンネルの茎		200g
玉ねぎ		150g
バター		大さじ1
オレガノ		小さじ1
タイム		2～3枝
野菜のブイヨン		250mL
A	卵	2個
	アーモンドプードル	150g
	バジル（フレッシュ）	適量
	ゼンメルのパン粉	40g
サワークリーム		大さじ2
パセリ（粗みじん切り）		大さじ2
塩、こしょう、ガランガー、ベルトラム、コリアンダー、ナツメグ		適量

作り方

1. 栗、フェンネルは大きめの角切りにする。
2. 玉ねぎを粗みじん切りにして、鍋にバターを入れて弱火で炒める。オレガノとタイムを加えて軽く炒めたら、1と野菜のブイヨンを注ぎ、ふたをして柔らかくなるまで煮る。
3. 2をザルにあげて水分を取り、ミキサーにかけペースト状にして、ボウルに移す。
4. 3にAの材料を順番に加え、よく混ぜる。
5. 最後にサワークリームとパセリ、塩、こしょう、香辛料を加え混ぜ、味を調える。
6. テリーヌ型の底にクッキングペーパーを敷き、内側にサラダ油を塗って5を流し込む。180℃に熱したオーブンでふたをせずに約30分焼く。
7. 型から取り出し、熱いうちに切り分ける。

野菜のブイヨンの量は材料の半分ほどの高さに注げば大丈夫です。焼き上がりを型から取り出す時は、崩れないように気をつけてください。冷やしてもおいしく召し上がれます。栗のない時期には栗のピューレまたはペーストをお使いください。

Maroni-Fenchel-Pastete “Falscher Hase”

栗とフェンネルのテリーヌ　“偽りのウサギ”

フェンネル、オレンジ、アーモンドのサラダ

ヒルデガルトは柑橘類の果実の効能も熟知していたようで、オレンジの果実を食べると「人の発熱を引き起こす物質が消える」と述べています。このサラダのソースには、はちみつが使われています。はちみつも重要な食材です。ヒルデガルトが書き残したレメディの多くは、ハーブを赤ワインで煮て作るのですが、そこには必ずと言っていいほどはちみつも使用されています。死んだミツバチを手当てに使うなど、ヒルデガルトは養蜂をしていたのではと思わせる記述もあります。

材料（4人分）

フェンネルの茎	1株
オレンジ	4個
エシャロット（みじん切り）	50g
レモン汁	1/2個分
アーモンド油	20mL
はちみつ	大さじ2
塩、こしょう、ガランガー、ベルトラム	適量
アーモンド	数個

作り方

1. フェンネルを薄くスライスする。
2. オレンジ1個分の果汁を絞り、残りのオレンジは皮を取りフィレに切る（下写真参照）。
3. 1とオレンジのフィレ、エシャロットをあえる。
4. オレンジ果汁、レモン汁、アーモンド油、はちみつ、塩、こしょう、香辛料をよく混ぜ、3にかける。
5. 器に盛り、粗切りにしたアーモンドを散らす。

オレンジフィレの作り方

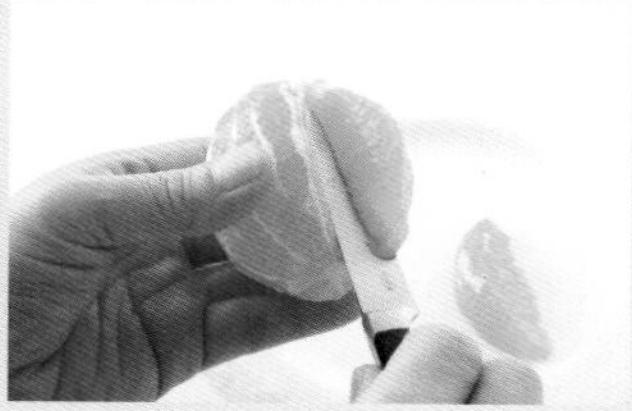

ヘタとおしりを落とし、実の形に沿って皮を切り落とす。薄皮と実の間にナイフの刃を入れると、きれいなフィレができる。

Fenchel-Orangen-Mandel Salat

フェンネル、オレンジ、アーモンドのサラダ

フェンネルの葉を飾りにするとより映えます。アーモンドは包丁でザクザクと粗切りにするか、アーモンドスライスを炒めて香りをよくして使っても結構です。

秋の玉ねぎのパイ

ドイツでは玉ねぎは秋が旬の野菜です。秋に旬の玉ねぎで作るパイを食べるのを楽しみにしている人は少なくないのでしょう。以前9月にドイツを訪れた時、あちこちのレストランやカフェの前の看板に「Zwiebelkuchen（玉ねぎのパイ）」と書かれているのを目にしました。ヒルデガルトは、玉ねぎは調理して食べるよう勧めています。熱を加えることで玉ねぎの害になる成分が減るからだそうです。ナツメグについては、「心が開かれ、こだわりのない判断を下し、善良な性質が与えられる」と述べています。

材料（タルト型24cm 1台分）

生地

- スペルト小麦粉……150g
- フレッシュチーズ……75g
- ひまわり油……大さじ3
- 塩、こしょう……各適量
- 牛乳……75mL
- ベーキングパウダー……小さじ1

フィリング

- 玉ねぎ……1kg
- バター……50g
- にんにく（みじん切り）……1片
- スペルト小麦粉……大さじ2
- サワークリーム……200mL
- 卵……2個
- 塩、こしょう、ナツメグ……各適

作り方

1. 生地の材料をすべてボウルに入れ、よく混ぜ合わせる。まとまったらラップフィルムで包み、冷蔵庫で30分休ませる。
2. タルト型の内側にバター（分量外）を塗り、小麦粉（分量外）を振って、1の生地を伸ばしてかぶせる。
3. フィリングを作る。玉ねぎを薄くスライスし、フライパンにバターを入れ、弱火でゆっくりと玉ねぎが茶色になるまで炒め、最後ににんにくを加える。
4. ボウルに3を移し、残りの材料をすべて入れてよく混ぜ、2に流す。
5. 180℃に熱したオーブンで30~40分焼く。温かい状態でサーブする。

Zwiebelkuchen

秋の玉ねぎのパイ

玉ねぎは弱火で時間をかけて、薄い茶色になるまで炒めてください。玉ねぎが温かい状態で他の材料を入れて構いません。

スペルト小麦のマウルタッシェン　野菜入り

マウルタッシェンは、ドイツのシュヴァーベン地方の郷土料理で、パスタ生地で具を包んだ料理です。生地にスペルト小麦を使っています。ガランガーはショウガの仲間で、根の粉末がスパイスとしてヒルデガルト料理でしばしば使われます。ヒルデガルトはガランガーの効能について詳しく述べていますが、その中で代表的なものが心臓への薬効で、「心臓に痛みがあり弱っている人は、直ちにガランガーを十分に食べなさい。そうすれば心臓はよくなるだろう」と述べています。

材料（4人分）

マウルタッシェンパスタ

スペルト小麦粉	200g
ひまわり油	大さじ1
水	大さじ2
塩	適量
ベルトラム、ガランガー	各適量
卵	2個

野菜の詰め物

かぼちゃ	40g
ビーツ	40g
根セロリ	40g
玉ねぎ	40g
スペルト小麦（ゆでたもの）	40g
ひまわり油	適量
卵	1個
塩	適量

作り方

1. パスタを作る。スペルト小麦粉をふるいにかけ、卵以外の材料を加え、手で混ぜ合わせる。
2. 卵を別のボウルで溶きほぐし、1に加え混ぜ、生地にまとめる。生地をラップフィルムなどに包み、30分休ませる。
3. 詰め物を作る。野菜は皮をむき、5mm角に切る。
4. 手鍋にひまわり油を入れて中火にかけ、3の野菜を炒め、スペルト小麦を加える。
5. 溶き卵を加え合わせ、少量の塩で味を調えて火を止める。
6. 2の生地を8等分し、麺棒で薄く伸ばす。
7. 5の詰め物を、6の中央にのせる。
8. 周りに水をつけ、生地で詰め物を包むようにかぶせる。
9. 周りを円形の型で半円に抜き、フォークなどで生地端を押しつける。
10. 沸騰したお湯に塩を少量加え、弱火にして約15分ゆで、器に盛る。

Dinkel-Maultaschen mit Gemüsefüllung

スペルト小麦のマウルタッシェン　野菜入り

普通の小麦粉の場合は強力粉をお使いください。スペルト小麦粉で作る皮は、薄いと破れやすいので少し厚めにするとよいでしょう。また、コンソメスープなどに入れるとよりおいしく召し上がれます。
パスタの形や大きさはご自由に。野菜の種類も好みのものをお使いください。

スペルト小麦のパスタ　香草風味

スペルト小麦はとても消化がよく、パン、パスタやミューズリーなど、どんな形で食べてもとても消化がよく胃がもたれない、胃腸に優しい食べ物です。ヒルデガルトもこのことを認識していたようで、病気で食事が摂れない人は、ゆでたスペルト小麦に卵黄を加えたものを食べるよう勧めています。最近日本でも人気が出ているスペルト小麦のパスタは、通常の小麦よりも、もちもちした食感が強く、味わい深いおいしさです。ちょっとナッツのような香りもします。

材料（4人分）

スペルト小麦のパスタ	400g
にんにく	1片
玉ねぎ	100g
万能ねぎ	2〜3本
バジル、ディル	各適量
パセリ	4〜5枝
バター	大さじ1
塩、粒こしょう	各適量

作り方

1. 鍋に湯をたっぷりと湧かし、塩を加えパスタを表示の時間通りゆでる。
2. にんにく、玉ねぎはみじん切り、万能ねぎは小口切り、ディルとパセリは粗く刻み、バジルは小さく手でちぎる。
3. 別の鍋にバターを入れて中火にかけ、にんにくを加え、薄く色づくまで炒める。
4. ゆでたパスタの水気を切って3に入れ、バターを絡ませる。
5. にんにく以外の2を加えてよく絡ませ、塩、こしょうで味を調える。

ハーブ類はたっぷりと、玉ねぎは生で加えることで、香りと歯ごたえを楽しめます。ゆで方は好みですが若い方にはやや硬めに、お年寄りや体の弱っている方にはやや柔らかめにゆでことをお勧めします。

Dinkelnudeln mit Kräutern

スペルト小麦のパスタ　香草風味

スペルト小麦のハンバーグ　ビーツのソース

ヒルデガルトは、ズッキーニやかぼちゃなどのウリ類の野菜の効能は特に挙げておらず、ただ病気の人の健康に役立つとだけ述べています。にんにくについては健康効果を認めながら、血行を非常に刺激するとヒルデガルトは考えていたようです。食べ過ぎると「人の血液が熱くなりすぎる」と注意を促しています。

材料（4人分）

	チキンブイヨン	150mL
	スペルト小麦粉（粗挽き）	100g
	にんじん	150g
	根セロリ	150g
	ズッキーニ	150g
	玉ねぎ	150g
	にんにく	2片
	バター	大さじ2
A	スペルト小麦（ゆでたもの）	200g
A	オレガノ（乾燥）	大さじ1
A	タイム（乾燥）	小さじ1
A	卵	2個
A	ガランガー、ベルトラム	各適量
A	パセリ、ディル、万能ねぎ（みじん切り）	各20g
A	塩、こしょう	適量
	サラダ油	適量

ビーツのソース

ビーツ（ゆでたもの）	100g
ガランガー（粉）	小さじ1
ホースラディッシュ（すりおろし）	小さじ1
塩	適量

作り方

1. 鍋にチキンブイヨンを沸騰させ、スペルト小麦粉を加えてよく練り合わせる。
2. にんじん、根セロリ、ズッキーニを粗い千切りにおろし金でおろし、サッとゆでてザルなどにあげておく。
3. 玉ねぎとにんにくをみじん切りにし、バターで色がつかない程度に炒める。
4. ボウルに1、2、3とAの材料すべてを入れ、よく混ぜ合わせる。ハンバーグ状に形を整える。
5. フライパンにサラダ油を入れ、4を中火で焼く。両面を焼き中まで火を通す。
6. ビーツのソースを作る。材料すべてをミキサーにかけ、塩で味を調える。
7. 5を皿に盛り、まわりにソースを流す。

Dinkel-Gemusebratlinge mit Rote-Bete-Soße

スペルト小麦のハンバーグ　ビーツのソース

千切りの野菜をゆでる時は、野菜が柔らかくならず、歯応えが残るようにサッとゆでてください。見た目はやや大きめのハンバーグとなりますが、材料は野菜だけなので重くありません。

玉ねぎのスペルト小麦詰め

寒さに弱い人や痛風持ちの人にお勧めの料理です。ヒルデガルトの食事療法では、玉ねぎはいつも調理して食べるよう勧めています。古代からすでにきのこ類の効能は知られレメディとして使われていました。ヒルデガルトもまたきのこ類の効能を認識しており、木に生えるもの土に生えるものという独特の方法できのこ類を分類し、生きている木や切り落とされた木に生えるきのこ類は食べ物そしてレメディとしてもとても適していると述べています。

材料（4人分）

スペルト小麦	200g
玉ねぎ（中）	4個
マッシュルーム	100g
バター	適量
白ワイン	50mL
ガランガー（みじん切り）、ベルトラム粉	各1つまみ
パセリ（みじん切り）	大さじ1
クリームチーズ	100g
塩、こしょう	各適量

作り方

1. スペルト小麦をゆでる（P96参照）。
2. 玉ねぎの皮をむき、ふたになるように上部を切り、詰め物ができるように中身をスプーンで取り除く（外側の身を1、2枚残す感じ）。
3. 鍋に湯をわかし、塩を加え、沸騰したら玉ねぎを入れ、10分ゆでる。冷水で冷やし、キッチンペーパーで水気をふき取る。
4. くり抜いた玉ねぎの半量を粗めのみじん切りにする（残り半量は使わないので他で使う）。
5. マッシュルームを1cm角に切る。
6. フライパンにバターを入れ、中火で玉ねぎとマッシュルームを炒める。
7. スペルト小麦を加えて軽く炒め、白ワインを加え、水気がなくなるまで弱火で煮る。
8. ガランガー、ベルトラム粉、パセリを加え、塩、こしょうで味つけをする。
9. 3の玉ねぎに8を詰め、ふたをして180°Cに熱したオーブンで10分焼き、一度ふたを外して、チーズをのせ、さらにオーブンで10分焼く。
10. 器に盛り、ふたをのせる。

玉ねぎは1人1個を使いますので、好みの大きさをお選びください。チーズは溶けるタイプのものをお使いください。今回はクリームチーズを使用しましたが、ピザ用チーズでも構いません。修道院では山羊や羊のチーズが多く使われていたようです。

Gefüllte Zwiebeln

玉ねぎのスペルト小麦詰め

スペルト小麦入りロワイヤルの香草ソース

ロワイヤルとは、卵を使った蒸し料理で、日本の茶碗蒸しに近いものです。ヒルデガルトが最高の穀物と称賛するスペルト小麦を加えて、ハーブのソースをかけています。ヒルデガルトは、ペパーミントのほか、ウォーターミント、ホースミント、スペアミントなどさまざまなミント類について、肉、魚、豆類や野菜などに適量を加えると優れた薬味となり、胃を温めて消化活動を助けると述べています。

材料（4人分）

卵	4個
牛乳	400mL
塩	適量
スペルト小麦（ゆでたもの）	50g

香草ソース

バジル（みじん切り）	大さじ3
ペパーミント（みじん切り）	大さじ1
ディル（みじん切り）	大さじ1
サワークリーム	50g

作り方

1. ボウルに卵を入れ、泡を立てないように静かに溶き、牛乳、塩を加え混ぜ合わせる。
2. 1をこし網などを通して、器に流し入れる。
3. スペルト小麦を全体に振り入れ、アルミホイルでふたをし、天板に水を張って180℃に熱したオーブンに約20分入れ、固まったら取り出す。
4. 香草ソースの材料をすべてボウルに入れてよく混ぜる。3にかける。

Eierstich mit Kräutersoße

スペルト小麦入りロワイヤルの香草ソース

型はご自宅にあるものをお使いください。オーブンを使わない場合は、湯煎にかけ、弱火でゆっくりと時間をかけて火を通してください。

マルメロのジェリーとコンポート

マルメロはバラ科の植物で、古代ローマ、ギリシャ時代からヨーロッパで栽培されてきました。酸味はありますが、りんごと同じようにケーキやパイ、そしてジェリーやコンポートにするとおいしく食べられます。ヒルデガルトは、「この実を煮る、または焼いて頻繁に食べなさい。体内のリウマチを引き起こす毒素を破壊する」と述べて、特にリウマチ性疾患の患者に勧めています。

マルメロのジェリー

材料（作りやすい分量）

マルメロ	250g
オレンジ	1個
ブラウンシュガー	50g

作り方

1. マルメロの皮をむき、種を取り除き、適当な大きさに切る。
2. 鍋に水250mLと1を入れ、弱火で30分ゆでて柔らかくする。
3. 2からマルメロを取り出して（ゆで汁は取っておく）、フードプロセッサーにかけて液状にする。
4. オレンジは皮はおろし金ですり下ろし、実は半切りにして果汁を絞る。
5. 2のゆで汁に3と4の果汁を加え、弱火で水分が少なくなるまで煮て、ブラウンシュガーとオレンジの皮のすり下ろしを加え、とろみがつくまで再度煮込む。

マルメロのコンポート

材料（作りやすい分量・約2人分 ）

マルメロ		200g
A	白ワイン	50mL
	水	50mL
	ブラウンシュガー	20g
	シナモンスティック	1本
	クローヴ	3個
ミントの葉（飾り用）		適量

作り方

1. マルメロの皮をむき、8〜10等分に切り分け種を取り除く。
2. 鍋にAの材料を入れ沸騰させ、弱火にして1を加え、約20分マルメロが柔らかくなるまでゆでる。
3. シナモンスティックとクローヴを取り出し、冷蔵庫で冷やす。
4. 器に盛り、ミントを飾る

Quittengelee mit Gelierzucker

マルメロのジェリー

Quittencomport

マルメロのコンポート

マルメロとかぼちゃのチャツネ

ヒルデガルトは、多くの果物はそのまま生で食べずに調理してから食べるよう勧めていますが、マルメロは「熟した実は、健康な人、病気の人のどちらも生で食べても支障はない」と生で食べることを容認している数少ない果実です。それに対して洋なしは煮て（煮汁は捨てて）食べるようにと言っています。生の洋なしの食べ過ぎは、頭痛や肺にガスを発生させることがあると注意を促しています。マルメロとかぼちゃをスパイスで煮たこのチャツネは、体に優しい味わいです。

材料（4人分）

マルメロ	250g
かぼちゃ	250g
ナツメグ	適量
りんご酢	大さじ2
ブラウンシュガー	100g
しょうが（すりおろす）	小さじ1
レモンの皮（すりおろす）	1/2個分
鷹の爪	1本
フェンエルの種	5個
コリアンダー（粒）	10個
クローヴ	2個
キャラウェイ（粉）	1つまみ

作り方

1. マルメロの皮を乾いた布でよくふいてから水洗いし、種を取り除いて皮ごといちょう切りにする。
2. かぼちゃの皮をむき、種を取り除き1と同じようにいちょう切りにする。
3. 鍋に水500mLとかぼちゃ以外の材料をすべて入れ、弱火で約10分煮る。
4. カボチャを加え、柔らかくなりすぎない程度に5〜6分煮る。
5. 器に盛り付ける。

Quitten-Kürbis-Chutney

マルメロとかぼちゃのチャツネ

マルメロはある程度柔らかくなるまでゆっくりと弱火で時間をかけて煮てください。フェンネルの種が手に入らない場合、フェンネルまたはディルの葉を利用しても結構です。

にんじんとマルメロのスープ　ガランガー風味

「マルメロの実は熱と乾の性質があり、とてもバランスが取れている」。マルメロはバラ科の植物で、ヒルデガルトはこの実はとても役立つと勧めています。ガランガーはショウガ科の植物で、風味もショウガに似ています。ドイツのヒルデガルト式断食セミナーでは、同じくヒルデガルトが勧める果物のりんごとマルメロのミックスジュースが用意されていました。このジュースがとてもおいしくて、空腹を慰めてくれる人気のジュースでした。

材料（4人分）

	マルメロ	100g
	りんごジュース	50mL
	にんじんジュース	50mL
	バター	小さじ1
A	玉ねぎ	20g
A	マッシュルーム（スライス）	2個
A	にんじん（乱切り）	40g
A	マルメロ（いちょう切り）	25g
B	ガランガー（みじん切り）	小さじ1/2
B	にんじんジュース	70mL
B	野菜ブイヨン	150mL
	生クリーム	40mL
	塩、こしょう	適量
	チャービル	適量

作り方（1材料）

1. マルメロの皮をむいて4等分に切り、種を取り除いて適当な大きさに切る。
2. 鍋にりんごジュースとにんじんジュースを入れ、1を加えて弱火で柔らかくなるまで煮る。
3. 別の鍋にバターを入れ、Aを加えて色がつかないように弱火で炒める。さらにBを加え、弱火で柔らかくなるまで煮て、網で漉して鍋に戻す。
4. 3に生クリームを加えてよく混ぜ合わせながら温め、塩、こしょうで味を調える。
5. 器に2のマルメロとジュースを入れ、4を流し入れてチャービルを飾る。

Karotten-Quitten Süppchen mit Galgant

にんじんとマルメロのスープ　ガランガー風味

マルメロは1個300～400gほどあります。生の果実が手に入らない時は、マルメロの缶詰を利用するとより簡単にできます。最後の飾りは、チャービルの代わりにパセリでも結構です。

秋のサラダ　マルメロとマルメロドレッシング

ヒルデガルトによれば、消化をよくするためにほぼすべての食べ物は調理する、またはビネガー、塩やオイルに漬けるなどの手を加える必要があるそうです。この教えに従いヒルデガルトの食事療法では、サラダは前もってドレッシングでよくあえて、なじませてから食べるよう勧めています。

マルメロの煮汁を使ったドレッシングは、マスタードとフランボワーズ酢が効いていて、さわやかな味わいです。

材料（4人分）

マルメロ		400g
A	オレンジジュース	100mL
	水	100mL
	ジュニパーベリー	4個
	黒こしょう	3粒
	シナモン（粉）	1つまみ

ドレッシング

マルメロの煮汁	100mL
粒マスタード	大さじ1
フランボワーズ酢	大さじ1
べに花油	大さじ3
そば粉	30g
エストラゴン（みじん切り）	大さじ1

サラダの葉（数種類）	300～400g

作り方

1. マルメロの皮をむき、種を取り除いていちょう切りにする。
2. Aを鍋に入れて火にかけ、一度沸騰させてから1を加えやや硬めに煮る。ジュニパーベリーだけ取り除く。
3. ドレッシングを作る。2のゆで汁の半量を冷やし、粒マスタード、フランボワーズ酢、べに花油を入れ混ぜ合わせる。
4. 残りのゆで汁にそば粉を加え、ふたをして15分程煮る。冷やして3に加える。エストラゴンも加える。
5. サラダの葉を敷き、ゆでたマルメロを合わせ、4のドレッシングであえる。

Bunter Herbstsalat mit Quitten an Quitten-Dressing

秋のサラダ　マルメロとマルメロドレッシング

サラダの葉はベビーリーフや水菜、アンディーヴやチコリなどもお勧めです。お好みの葉を数種類合わせてご使用ください。

サクラマスとマルメロと野菜の饗宴

きれいな水に生息するマスは、ヒルデガルトの料理によく登場します。また、いんげん豆類もヒルデガルトお勧めの食材です。彼女は、「いんげん豆類は健康な人が食べるとよく、えんどう豆類よりもよい。えんどう豆類ほど多くの粘液を人の体内に生じさせないので、病気の人がいんげん豆類を食べても差し支えない」と述べています。マルメロのジェリーやチャツネを作り置きしておけば、便利に使えます。

材料（4人分）

サクラマス	400g
塩、こしょう	適量
バター	適量
マルメロのジェリー	50mL
いんげん豆	100g
玉ねぎ	50g
マルメロとかぼちゃのチャツネ	400g

ソース

バルサミコ酢	大さじ2
粒マスタード	小さじ1
ハーブ塩	適量
こしょう	適量
アーモンド油	大さじ3

作り方

1. サクラマスをおろして、皮も取り除き角切りにする。
2. 塩、こしょうで下味をつけ、バターで炒める。マルメロジェリー（作り方P116）を加え、からめて皿に移して温めておく。
3. いんげんは固ゆでして縦細切り、玉ねぎは薄切りにしバターで炒める。
4. 3とマルメロとかぼちゃのチャツネ（作り方P118）を皿に盛り、2を上に盛りつける。
5. ソースを全部混ぜ合わせて、4にかける。

Sakuramasu auf Quittenallerlei

サクラマスとマルメロと野菜の饗宴

サクラマスの旬は春。まさに桜の咲く時期からの魚です。時期により他のマスを使ってもかまいません。バルサミコとマスタードのソースが食欲をそそります。

マルメロと果実のシュトルーデル

マルメロのコンポートとりんごを使ったシュトルーデル。一緒に巻きこんだくるみがアクセントになっています。ヒルデガルトは、「くるみの木には苦味があり、その苦味が熱を発して実がなる」と述べています。この苦味こそくるみの木の、ヒルデガルトが言うところのヴィリディタス（生命力）、そして効能の源なのでしょう。苦味が凝集されて熟すくるみは、栄養価の高い食べ物になるのです。

材料（4人分）

シュトルーデル生地（作り方別記）	200g
りんご	150g
ドライアプリコット	60g
マルメロのコンポート	100g
コンポートの煮汁	適量
レモン汁	1/2個分
シナモン（粉）	小さじ1
ブラウンシュガー	50g
バター	40g
パン粉	100g
くるみ（砕いたもの）	20g
バター（周りに塗るため）	適量

作り方

1. りんごの皮と種を取り、ドライアプリコットと共に角切りにして手鍋に入れ、マルメロのコンポート（作り方P116）とその煮汁、レモン汁も加え、弱火で10分煮て、粗熱をとる。
2. シュトルーデル生地を薄く伸ばし、清潔なふきんなどを下にひいて生地をのせる。
3. シナモン粉、ブラウンシュガーを生地の上に振る。
4. 生地の上部3cmと両横2cm空けて、生地の上にバターで炒めたパン粉とくるみを散らし、さらにその上に1を均等に盛りつける。
5. 生地の空けた部分に水を塗り、下にひいたふきんで生地を丸め、回りにバターを溶かして塗る。
6. 190℃に温めたオーブンに入れ、15〜20分焼く。

シュトルーデル生地（作りやすい分量・約500g）材料

スペルト小麦粉350g、卵1個、水150mL、塩小さじ1、サラダ油20mL

1. ボウルに材料をすべて入れ、よく混ぜ合わせて約1時間冷蔵庫で寝かせる。使わない生地はラップして冷蔵庫で2週間保存可能。

Strudel mit Dörrfrüchten und Quitten

マルメロと果実のシュトルーデル

くるみはできるだけ細かく砕いてください。粗すぎると生地が破れやすくなりますのでご注意を。

修道院の生活

飯嶋慶子

聖ベネディクトゥスの6世紀の戒律

「ora et labora（祈れ、そして働け）」、これは聖ベネディクトゥスの言葉です。この言葉は、はるか昔から現在でも多くの修道院での修道士や修道女たちが生活する上での行動の指針となっています。修道士や修道女たちは、この言葉を胸に修道院で祈りと労働に励んでいたことでしょう。

聖ベネディクトゥスは、西ヨーロッパの修道院制度の基礎を築いた、修道院制度の創設者と言われる修道士です。彼は530年頃に、自らがイタリアのモンテ・カッシーノに創設した修道院で修道士たちが守るべき生活の規範を定めた規則を作成しました。「聖ベネディクトゥスの戒律」として知られるこの規則で、聖ベネディクトゥスは修道士たちに、つつましい食事と住まいに最小限の持ち物で、できるだけ質素に生活し、宗教の研究や祈りだけでなく、修道院が経済的に自立するのに必要な労働に励みながら、互いに助け合って修道院で共同生活を送るよう求めました。この規則は非常に実際的で優れたものであったため、11世紀頃までヨーロッパのほぼすべての修道院で、聖ベネディクトゥスの戒律に則った共同生活がなされてきました。現在でもこの戒律を日々の修道生活を送る上での規範と定めている修道院は少なくありません。

規則正しい日々のルーティーンと食生活

修道士や修道女たちは、「時課」という決められた時刻に集まって行う礼拝そしてその合間の労働など、ルーティーンをこなすように毎日同じ時間に定められた日課を行う規則正しい生活を送っていました。時課には、中世では午前2時のVigil（徹夜課）、午前6時のPrim（1時課、第2バチカン公会議で廃止とされ、現在はカルトジオ会でのみ行われます）、午前6～7時の朝の祈りのLaudes（賛課）、午前9時のTerz（3時課）、正午のSext（6時課）、午後3時のNon（九時課）、夕方6時にはVesper（晩課）そして一日の最後の祈りのKomplet（終課）などがあり、現在でも修道院ではほとんど変わらずに連綿と続けられています。

食事は、復活祭から聖霊降臨祭（復活祭後の第7日曜日）までのわずかな期間だけ正午と夕方の1日2回摂ることができましたが、それ以外の1年のほとんどの期間は午後3時頃の1日1回のみで、その食事の時間も四旬節から復活祭までは晩課の後となり、日が落ちて暗くなる前にあわただしく済まさなければなりませんでした。食事の内容に関しても聖ベネディクトゥスは細かく定めていました。1日に約３００ｇのパンに、スープもしくはライ麦、大麦、オート麦やスペルト小麦などの穀物類か豆のお粥と野菜の煮物などのおかずが2品。その当時はオニオン、パースニップ、にんじん、かぼちゃ、フェンネル、セロリ、ガーリック、リーキ、ラディッシュなどの野菜が食べられていたので、これらの野菜のスープや煮物が出されたのかもしれません。それにりんご、いちじく、なし、プラムやいちごなどの果物もしくは生野菜。生野菜はソレル（スイバ）、レタスやフダンソウ（スイスチャード）などでしょうか。そして驚くことにワイン、はちみつ入りワイン、はちみつ酒もしくはビールなどのアルコール類も付いていました（飲み過ぎはもちろん禁じられていました）。菜食が中心で、肉類は病人に対して以外は禁じられており、肉類の代わりに豆類、卵や乳製品などを摂るよう定めていました。しかしながら13世紀になると、毎週水、木、金曜日と断食日（万霊節、アドベント、四旬節）以外の日には肉を食べることが許されるようになります。魚類を食べることは勧められていたため、よく食べられていました。中世ヨーロッパでは、タラやニシンなどの海水魚や、カワカマス、コイ、パーチ、ヤツメウナギやトラウトなどの淡水魚がよく食べられていたようです。

修道院の建物環境

中世の修道院の建物には、礼拝所、日々の集会や講義などに使われる会議室、図書館、南向きの日のよく当たる場所に設けられる写本室、食堂がありました。食堂の隣には修道院の中で唯一暖房がある暖かい部屋、厨房に修道士たちの部屋、そしてこれらの部屋のちょうど中心に設けられていたのが回廊です。回廊は修道院で最も重要な場所とされ、外部の者が許可なく入ることは許されませんでした。ここは修道士たちがほっと一息できる憩いの空間でもあったことでしょう。ここでは自由に会話することが許されました。回廊では、修道士同士が静かに話をしたり、ひとりで聖書を読む、黙想にふけるなどの光景が見られたことでしょう。

そして自給自足の生活を送るため、敷地には食材となる野菜を育てる農園、スパイスやレメディに使うためのハーブを栽培する薬草園や養魚池などもありました。

労働の時間に修道士たちが行っていたのは、農作業、宗教についての勉強、写本、見習い修練士への指導、祈りの朗読などで、ほとんどの労働は黙々と取り組むよう求められました。中世盛期（11～13世紀）になり修道院が税金の免除や寄付などで領地を得るなどして裕福になり組織運営に長けてくると、農作業などの肉体労働は助修士や農奴を雇って任せるようになり、修道士たちはこれまで肉体労働に費やしてきた時間を、聖書の研究や手書きの写本の制作など、学問の研究により多くの時間を割くようになっていきました。修道院は文化の継承や学問の中心地としての役割も担っていたため、学問をするために修道士になった者も少なくなかったようです。

修道女の静かな生活

一方修道女たちは、食事は一日3回。聖書の朗読を聞きながら静かに食事を摂っていました。労働の時間は一日5時間と定められ、読書、習字、宗教書などの挿絵描き、写本などに多くの時間を費やしていました。キリスト教に関する書物、祈りの本、そしてヒルデガルトの著作物などを書き写したものを、時には身内の修道女たちで回し読みをしていたそうです。またローブや礼拝で使用する布地に刺繍をするなどの針仕事も熱心に行っていました。

その一方で農園での労働など肉体作業は不得手だったのか、少数の修道女しか行いませんでした。修道女は修道士たちよりも修道院の周辺に住む一般の人々との密な交流があり、自分たちで縫った服や食べ物を貧しい人々に配布する、病人を世話する、困っている女性を助ける、ホスピス施設を提供する、子供たちに勉強を教えるなどの慈善活動を行っていました。

修道女の資質

中世の修道女は、知識と教養を備えた貴族の出身の女性がほとんどを占めていました。修道院は修道女の多くを貴族の子女から募っていました。というのも中世では貴族出身の女性が生きていくためには、自分と同じレベルの家柄の経済力のある男性と結婚するか修道院に入るかの選択肢しかなかったからです。ヒルデガルト・フォン・ビンゲンの師ともいえるユッタ（ヒルデガルトが最初に入ったディシボーデンベルク修道院のユッタ・フォン・シュポンハイム）のように、神のそばに仕えると自ら志願して修道院に入る女性もいましたが、教養を身につけさせるために（修道院は貴族の子女が教育を受けることのできる最良の場所であったので）という他に、ただ単に何人もいる娘の全員を嫁がせられないという理由で、小さいうちに両親に修道院に入れられた女性もいたそうです。小さいうち（7歳以下の子女は受け入れてもらえない修道院もあったそうです）に修道生活献身者として修道院に預けられると、読み書き、聖書や賛美歌などを教えられ、後に見習いの修道女、そして何年かして10代半ばになると正式な修道女になることができたからです。何とも複雑な気持ちになるお話です。

ゲーテも愛したフランクフルター グリューネゾーセ

野田浩資

フランクフルト名物に、フランクフルター グリューネゾーセ（フランクフルト風グリーンソース）があります。パセリ、チャイブ、イタリアンパセリ、クレソン、スイバ、エストラゴン、ディルなど7種類のハーブを細かく刻んで、マヨネーズ、ゆで卵、サワークリームなどと和えたソースで、さまざまな料理に相性の良いソースです（作り方Ｐ１４４）。

グリューネゾーセは、聖金曜日（イースター前の金曜日）の前日「緑の木曜日」に初物として食べるのが伝統です。そして、新鮮なハーブが栽培される初秋の頃までがシーズンです。フランクフルトのあるヘッセン州の市場では、グリューネゾーセ用ハーブがセットで売られています。

また初夏に、フランクフルトのロスマルクト広場では、グリューネゾーセ祭りが行われます。こども向けのイベントや音楽ライブなど盛り沢山。市内のレストランではグリューネゾーセを使った料理が提供されます。街角の屋台では、じゃがいもやゆで卵にグリューネゾーセをかけたものが売られ、人々はどこのソースが一番旨いか屋台巡りをするほどです。

この緑のソースの歴史は古代ローマ時代にさかのぼります。その頃すでに南ヨーロッパには、イタリアのサルサヴェルデ（Salsa verdi）、カナリア諸島のモホヴェルデ（Mojo verdi）など、緑のハーブを使ったソースが存在していました。貿易が盛んであったフランクフルトの町には南ヨーロッパからたくさんの野菜やハーブが入荷しました。１７００年代に、あるドイツ人がモホヴェルデなどをまねて緑の葉だけでソースを作りました。１８６０年発行の『フランクフルト料理』と題する本に初めてグリューネゾーセが紹介されています。それには、「スイバ、パースレーン、アサツキ、エストラゴン、チャイヴ、パセリ、クレソンをみじん切りにして、卵とオイルを和えたものに混ぜる」と記されています。

フランクフルトが誇る文豪、ゲーテもこのソースが好物だったそうです。

Part 4

魚料理

Fische

ドイツは内陸国と思われがちですが、北海とバルト海があります。しかしヒルデガルトの時代、海の魚は大変貴重で高価であったことからあまり種類もなく、身近な川や湖の魚、きれいな水に棲む魚を食べていたようです。中でもナマズは、ヒルデガルトの時代から現在も、ドイツではよく食べられています。淡白でおいしい魚です。

メバルのバジルクリーム風味

当時は川魚とハーブをぶどうの葉で巻いて、薪の下に入れて蒸し焼きにしていました。今回は、海の魚メバルを使いましたが、ヒルデガルトは「ヘヒト」という 川魚を使っていたようです。ヘヒトは「カワカマス」と訳されていますが、日本には生息しておらず、まったく違った魚です。セルフィーユはフランス語ですが、ドイツ語ではケルベル（Kerbel）、英語ではチャービルです。ビタミンやミネラルなどが豊富に含まれており、消化や体内の毒素排出を助けます。

材料（4人分）

メバル（350 gぐらいのもの）	1尾
レモン汁	適量
にんにく	1片
バジル、セルフィーユ、パセリ、エストラゴンなどハーブ	各適量
白ワイン	100mL
ひまわり油	適量
生クリーム	100mL
塩、こしょう	各適量

作り方

1. メバルはうろこ、内臓を取り除き 三枚におろす。レモン汁をかけて15分置く。
2. にんにくとハーブ類を粗めのみじん切りにし、ボウルに入れ、白ワインを加えて混ぜる。
3. 1に塩、こしょうを振り、油を薄く塗った耐熱皿に入れ、2をのせる。アルミ箔でふたをして、200°Cに熱 したオーブンに入れ、約10分焼く。
4. 魚に火が通ったら取り出し、魚を器に盛る。
5. 耐熱皿に残った汁を小鍋に移し、半量になるまで煮詰める。生クリームを加え、塩、こしょうで味を調えて魚の上にかける。

にんにくとハーブのみじん切りをたっぷりとのせて蒸し焼きにした、香り高い魚料理です。ニジマスやイワナなど川魚が手に入ったら、それらで料理してみてください。ハーブ類は手に入るもので。全部揃わなくてもパセリをその分多く使ってください。

Goldbarschfilet mit Basilikumsoße

メバルのバジルクリーム風味

魚のハンバーグ

ヒルデガルトは著書『フィジカ』で、個々の魚の生活、餌や習性などに注目した考察を詳しく記しています。彼女は、魚の棲むエリアや食性などいくつかのポイントに従って魚の身の質を健康な人のみが食べてよいもの、健康な人も病気の人も食べてもよいもの、どちらも食べない方がよいものの3つに分類し、どの魚がどれに当たるかを記しています。

材料（4人分）

魚（タイ、サワラ、イトヨリなど）の切り身	350g
玉ねぎ	100g
スペルト小麦のパン（硬くなったもの）	80g
卵	1個
塩、ガランガー、ベルトラム	各適量
香草（パセリ、ディル、バジル）	大さじ4
パン粉	適量
サラダ油	適量
香草（飾り用）	適量

作り方

1. 魚は皮や骨を取り、小さめの角切りにしてボウルに入れる。
2. 玉ねぎをみじん切りにして1に加える。
3. パンは水につけてふやかし、水分を絞って1に加える。
4. 卵と塩、香辛料、香草をみじん切りにしたものを3に加えよく混ぜ、ハンバーグの形にしてパン粉をまぶす。
5. フライパンに油をひき、中火で4の両面を火が通るまでゆっくりと焼く。
6. 器に盛り、香草を飾る。

Fischfrikadellen

魚のハンバーグ

魚は1種類でも、数種類の魚を混ぜても構いません。種類の多い方が複雑な味になり、旨味も増すのでお勧めします。
スペルト小麦のパンが手に入らない場合はライ麦のパンをお使いください。また、パン粉は市販のものよりも、日にちを置いて固くなってしまったパンを粗くたたいてミキサーにかけると、きめ細かいパン粉ができます。

ニジマスのムニエル　アーモンド風味

ヒルデガルトは、マス類の魚は健康な人のみが食べてもいいと考えているようです。またこの魚は、薬としてはほとんど使いみちがないとも述べており、魚に対しても植物に対してと同じように、単なる食べ物として見るだけではなく、治癒力があるのか、病気を治すために使用できるのかにも着目していたようです。

材料（1人分）

- ニジマス……1匹（120g～180g）
- 塩……適量
- レモン汁……適量
- スペルト小麦粉……適量
- バター……30g（大さじ2）
- アーモンドスライス……15g
- 赤ワイン……50mL
- パセリ（みじん切り）……適量
- レモンスライス……1枚

作り方

1. ニジマスは、うろこと内臓を取り、両面に塩を振って下味をつけ、レモン汁をかけて小麦粉をまぶす。
2. フライパンにバター半量を入れ、中火で魚の両面を焼き、できたらアルミ箔などに包み温めておく。
3. フライパンに残ったバターでアーモンドを黄金色に焼き、ペーパータオルに移して脂分を取っておく。
4. 手鍋に赤ワインを入れ、1/4量まで煮詰めたら粗熱を取り、残りのバターを少しずつ加え、とろみが出たら3を加える。
5. 2の魚を器に盛り、4のソースをかける。パセリのみじん切りを振り、レモンスライスを添える。

Regenbogenforellenfilet mit Mandeln

ニジマスのムニエル　アーモンド風味

魚はニジマス以外に、淡白な味のものであれば、赤ワインのソースがよく合います。魚の両面をカリッと香ばしく焼くのがポイントです。スペルト小麦粉がなければ、普通の小麦粉でも結構です。アーモンドスライスを炒める時は弱火でゆっくりと色をつけてください。

メバルの香味ゆで
ヒルデガルト風オランデーズソース

メバルはヒルデガルトが勧める魚です。「岩礁のまわりや、時には海中の洞窟の中を泳ぎ回り、そこで元気で健康的な餌を探す。そのためこの魚の身を食べることは、病気の人にも健康な人にもよい」と述べています。水のきれいなエリアで育つ元気な植物や生き物を餌にしている魚を食べれば、どんな体の不調も追い払えるそうです。

材料（4人分）

魚のダシ汁		400〜500mL
メバル		2匹
A	塩、こしょう	適量
	ガランガー、ベルトラム（粉）	各1つまみ
	レモン汁	適量
スペルト小麦パスタ		200g
オランデーズソース		100mL

作り方

1. メバルを3枚に下ろして、アラでダシ汁を取る（作り方別記）。
2. メバルの身に、Aで下味をつけて数分置く。
3. ダシ汁を沸騰しない程度に温め、2を加えて弱火でゆで、器に移し温めておく。
4. 魚をゆでると同時にパスタを表記通りにゆで始める。水分を切り、器に盛りその上に3を盛りつける。
5. オランデーズソース（作り方別記）を添えてでき上がり。

魚のダシ汁の作り方

材料

使用する魚のアラ2匹分、水500mL、白ワイン100mL、玉ねぎ20g、にんじん20g、セロリ10g、ローリエ1枚、粒こしょう5〜6粒、塩1つまみ

作り方

1. 魚のアラを水に数分さらす。
2. 鍋にすべてを入れ強火にかけ、沸騰寸前で弱火にして20分煮る。
3. こし布またはこし網で漉す。

ヒルデガルト風オランデーズソース

材料

バター20g、スペルト小麦粉10g、魚のダシ汁50mL、牛乳50mL、塩・ナツメグ（粉）・レモン汁各適量、卵黄1個

作り方

1. バター半量を手鍋に入れて弱火にかけ、溶けたら小麦粉を加えて色がつかないように軽く炒める。
2. 火から下ろして粗熱を取り、魚のダシ汁を加えて泡立て器でよく混ぜ合わせ再度火にかける（ダシ汁は冷たくして加えるとダマができにくい）。
3. とろみが出たら牛乳を加えて数分弱火にかけ、塩、ナツメグ、レモン汁で味を調える。
4. 火を止めてから、卵黄と残りのバターを加えよく混ぜ合わせる。

Gekochte Barschfilets mit Sauce Hollandaise

メバルの香味ゆで　ヒルデガルト風オランデーズソース

魚のアラを使ったダシ汁は、サーモンやカレイ、ヒラメ類などを混ぜても。魚の骨は多いほどいい味が出ます。アラが手に入った時に多めに作り、余ったら冷凍保存しておくと、魚のスープなどにも利用できます。

タラの香味ゆでグラタン　細切り野菜添え

タラについてヒルデガルトは何も述べていませんが、現代のヒルデガルトの食事療法では、健康な人も、病気の人が食べても役立つ魚として勧められています。

現代の栄養学でも、タラは低脂肪、高タンパク質、低カロリーで、ビタミンB12を多く含む、ヘルシーな魚として人気があります。淡白なので、チーズとは相性がよいです。

材料（1人分）

	タラ（切り身）	1切（約100g）
A	香味野菜（にんじん、玉ねぎ、セロリ、）	各適量
A	塩	適量
A	レモンスライス	1枚
	バター	8g（小さじ2）
	ほうれん草	1/4束
	にんにく（みじん切り）	小1片分
	根セロリ（細切り）	適量
	にんじん（細切り）	適量
	グリーンアスパラガス（薄切り）	1本
	ハードタイプチーズ（すりおろす）	20g
	塩、こしょう	各適量

作り方

1. 鍋に魚がかぶる高さくらいの水とAを入れて5分煮る。
2. 1にタラを数分入れ、火を通す。
3. フライパンにバター半量を入れて火にかけ、ほうれん草を温める程度に炒め、塩とこしょうをして耐熱皿に盛る。
4. 同じフライパンに残りのバターを入れ、にんにく、根セロリ、にんじん、アスパラガスを加えて炒め、塩とこしょうをして3に盛りつける。
5. 2を4の上にのせ、チーズをかけて、180℃に熱したオーブンに入れ、表面に焼き色がつくまで焼く。

魚をゆでている間に野菜を炒めると、全部がちょうどいいタイミングでできます。チーズはお好みのチーズを、お好みの量かけてください。上火のあるトースターでも焼き色はつきますが、魚も野菜も火が通っているので、チーズがとろけるぐらいでOKです。

Gekochte Kaberjaufilet überbacken mit Gemüsestreifen

タラの香味ゆでグラタン　細切り野菜添え

サワラの香味ゆで　グリーンソース　フランクフルト風

ドイツ版春の七草のソースともいえるフランクフルト風グリーンソースは、イースターから秋にかけてフランクフルト周辺で食べられるソースで、7種類のハーブが使われています。ソースには、ヒルデガルトがその薬効を記している、パセリ、クレソンやチャービルなどのハーブも使われています。香り高く、さっぱりとした風味で、消化を促すソースです。今回は手に入りやすい5種類で作ってみました。

材料（4人分）

サワラ（切り身）	100g×4切
香味野菜（にんじん、玉ねぎ、セロリなど）	各適量
白ワイン	50mL
レモンスライス	2枚
グリーンソース（作り方別記）	120g

作り方

1. 魚が十分に浸るくらいに水を入れ、香味野菜とワイン、レモンを加え沸騰したら弱火にして10分煮る。
2. 魚を入れ約10分、火が通ったら水分を拭きとり皿に盛りつける。グリーンソースを添える。

グリーンソース

材料（作りやすい分量）

香草（ほうれん草の柔らかい葉、パセリ、万能ねぎ、クレソン、セルフイユなど）合わせて20g、ラディッシュ2個、玉ねぎ10g、にんにく少量、ゆで卵1個、ひまわり油50mL、レモン汁1/2個分、塩・こしょう各適量

作り方

1. 香草、ラディッシュ、玉ねぎをみじん切りにしてボウルに入れる。にんにくはより細かく刻んで加える。
2. ゆで卵を細かく切って加え、ひまわり油を加えてよく混ぜる。レモン汁、塩、こしょうで味を調える。

Gekochtes Sawarafischfilet mit Frankfurter Grüner Soße

サワラの香味ゆで　グリーンソース　フランクフルト風

ナマズのムニエル　バジル包み

「ナマズは水中に落ちた穀物やよい植物を食べている」。そのためでしょうか、「ナマズの身は健康な人だけでなく、病気の人が食べても健康によい」そうです。イメージと異なり、白身でクセのない味わいです。ソースに使われるバジルについてヒルデガルトは、解熱に効果があると述べています。特に、バジルをワインとはちみつと一緒に煮たものは発熱の際の有効なレメディになると勧めています。

材料（4人分）

ナマズ（切り身）	4切（100g×4）
レモン汁	適量
塩、こしょう	適量
スペルト小麦粉	適量
ひまわり油	適量
バジルのペースト	
バジル（みじん切り）	大さじ3
にんにく（みじん切り）	1片分
細かいパン粉	20g
卵	1個
塩、こしょう	各適量
ひまわり油	大さじ2

作り方

1. 魚の身にレモン汁をかけ、塩とこしょうで下味をつけ、両面にスペルト小麦粉を振る
2. フライパンに油をひき、中火にして魚の片側に焼き色をつけ、裏返す。
3. バジルのペーストを作る。ボウルにすべての材料を入れ、手でこねるようによく混ぜ合わせる。
4. 魚の焼き色がついた面に3を塗り、魚に火が通るまで、180℃のオーブンで5～10分焼く。

Gebratenes Wallerkotelett in Basilikumkruste

ナマズのムニエル　バジル包み

バジルのペーストはソース代わりです。最後の焼きは、バジルのペーストに薄い焼き色がつくぐらいが理想です。

ヒラメの香味ゆで　ホースラディッシュソース

淡白な白身の魚にホースラディッシュ（西洋わさび）のソース。ホースラッディシュについて、ヒルデガルトは、あらゆるハーブの葉が生え始める3月に、ほんの短い期間ではあるけれど柔らかいホースラディッシュを食べるのは、体液の生命力を強くするので健康な人にも病気の人にも役立つと述べています。ピリッとした辛味は食欲を増進させ、また抗菌作用や消化を促進する働きもあります。

材料（4人分）

ヒラメ切り身（100g）	4枚
レモン汁	適量
玉ねぎ	20g
にんじん	20g
セロリ	20g
レモン（輪切り）	2～3切れ
塩、こしょう	各適量

ソース

牛乳	400mL
ナツメグ（粉）	ひとつまみ
食パン（8枚切り）	2枚
ホースラディッシュ	30g
塩、こしょう	各適量

作り方

1. 魚はレモン汁をかけ、塩、こしょうで下味をつける。
2. 玉ねぎ、にんじん、セロリは薄切りにする。
3. 魚が入る大きさの鍋に2カップ程度の水を入れて火にかけ、沸騰したら2の野菜とレモンの輪切りを加え、弱火にして約10分煮る。
4. 1の魚を入れて、沸騰させないようにしながら10分ゆでる。
5. 魚に火が通ったら、魚だけを皿に盛りつける。
6. ソースを作る。小鍋に牛乳を入れ、ナツメグを加えて火にかける。沸騰直前で火から下ろし、食パンの 白い部分だけを小さく切って加え、泡立て器で混ぜ合わせる。
7. ホースラディッシュの皮をむき、すりおろして加える。
8. 塩、こしょうで味を調え、魚にかける。あればセルフィーユかパセリなどを飾る。

Pochiertes Heilbuttfilet mit Meerrettichsoße

ヒラメの香味ゆで　ホースラディッシュソース

魚は切り身の厚さにより火の入る時間が異なりますので、10分は目安です。ホースラディッシュは、チューブ入り、瓶詰め、冷凍品などもあります。パンで牛乳にとろみをつけると、あっさりクリーミーに仕上がります。魚だけでなくボイルドビーフなどにもよく合うソースです。

ヒルデガルトの王冠

飯嶋慶子

スイスの首都ベルンから車で30分、のどかな町リギスベルグにアベッグ財団美術館があります。アベッグ財団は、１９６０年代にチューリッヒ出身の実業家一族の末裔であったヴェルナー・アベッグと妻のマーガレットのコレクションをもとに、歴史的な織物の収集、保存、研究を目的として設立されました。７０００以上もの膨大な織物のコレクションで世界的に知られている美術館で、織物以外にも古代エジプト、ペルシャ、ビサンチンの時代から18世紀までの器、家具などの工芸品に加え、絵画や彫刻などが展示されています。この美術館が２０００年以降に中世の修道女のものとされる王冠を入手しました。それが数年前にヒルデガルト・フォン・ビンゲンの王冠であると特定され、美術館で常設展示されています。

王冠というと、イギリスのエリザベス女王が戴冠式でかぶっていたような、宝石が散りばめられた豪華な冠をイメージしてしまいますが、ヒルデガルトの王冠は、青い布製のキャップに金糸のトリミングと円形の魔除けの刺繍が施された縁なしの帽子のようなもので、晩年に彼女のために特別に作られたものです。彼女はこのような冠を、特別な祝祭日には自らの修道院の修道女に身につけさせていました。そのことは当時、大きな反響と批判を招いたそうです。

１１７９年に彼女がルペルツベルク修道院で亡くなった後、この王冠は彼女のベールと遺髪と共にトリーアの聖マティアスベネディクト会修道院で大切に保管されていました。しかしながらそれから６００年余り後の１７９４年にこの修道院はフランス軍の略奪にあい、１８０２年に解散してしまいます。それ以降ヒルデガルトの貴重な遺品は所在がわからなくなっていました。それが１９９９年になって、パリのオークションに司教の帽子、またはローマ法王の帽子と説明されて出品されたのです。２０００年以降にアベッグ財団がこの王冠を取得。早い段階でこれが中世の修道女の冠であるということだけはわかっていました。その後アベッグ財団のキュレーターと美術史家が王冠について共同で研究し、ヒルデガルトのために作られた王冠であると特定されました。彼らは、この王冠の研究をまとめた本を、２０１９年に出版しています。共同研究者の美術史家フィリップ・コルデスは、この王冠とヒルデガルトの著書『Scivias（スキヴィアス）』の幻視の挿絵に描かれている冠と結び付けて、この王冠がヒルデガルトのものでないかと早くから目星をつけていたそうです。その予想は見事に当たりました。トリーアの聖マティアスベネディクト会修道院が解散後、ヒルデガルトの王冠はどこにいってしまっていたのでしょうか？　彼らの調査によるといつどのようにしてかは不明ですが、王冠はマティアスベネディクト会修道院からフランスに運ばれ、何世紀にも渡ってフランス、アビニオンの貴族が保管していたらしいとのこと。そしてヒルデガルトのもう一つの遺品である彼女のベールは、未だに所在は不明なのだそうです。

いつかアベッグ財団美術館を訪れて、ヒルデガルトの王冠をこの目で見てみたいと思っていましたが、先日その夢が叶いました。周囲を野原に囲まれ、人里離れたところに建つこじんまりした美術館は、訪れる人もまばらで、じっくりと展示物を見学することができます。中世の歴史的織物の展示コーナーの端っこに、注意していないと気付かずに通り過ぎてしまうほどひっそりとヒルデガルトの王冠は展示されていました。ヒルデガルトが実際に身につけた王冠を、間近で目にしているという深い感銘を受けました。また、王冠が想像していたものよりも小さいことにもちょっと驚きました。王冠を眺めているうちに、写真を撮りたいという思いが湧き上がってきたのですが、残念ながら写真撮影は禁止です。代わりに王冠の写真が表紙の、ヒルデガルトのものと王冠が特定されるまでの研究について書かれた本を購入して美術館を後にしました。

informatiom
アベッグ財団美術館 Abegg-Stiftung
Werner Abeggstrasse 67
Postfach, CH-3132 Riggisberg,
Switzerland
https://abegg-stiftung.ch/en/

ヒルデガルトの王冠の調査、研究をまとめた書籍『Die Krone der Hildegard von Bingen』。

聖ヒルデガルト修道院の内部。壁側にはヒルデガルトの生涯が描かれている。©DXR by commons

Part 5

肉料理

Fleisch

ドイツ人と言えば肉料理と言えるほど肉はよく食べられます。森に棲む野生の鳥獣の肉も好んで食べます。しかし健康を考えた肉料理はそれほど多くはありません。ヒルデガルトは「食べ過ぎてはいけない」と指南しながらも、「力がつく」と効果を認めています。ヒルデガルト推薦の、胃腸にもたれない肉料理を紹介します。

チキンレバー団子 グリーンソース

鶏のレバーについてヒルデガルトは、「内臓の虚弱には、雄鶏と雌鶏のどちらのレバーもしばしば食べるとよい」などと詳しく記しています。日本では手に入らないスパイス、ベルトラムはキク科ピレトリウムの根の粉末で、「体内の腐敗物を減らし、よい血液を増やし、頭脳を明晰にする」と述べています。ベルトラムは、現代のヒルデガルトの食事療法では万能のスパイスとされ、ヒルデガルト料理によく使われています。

材料（4人分）

チキンレバー	300g
玉ねぎ	150g
ひまわり油	適量
パン粉	120g
卵黄	3個分
塩、こしょう	適量
ベルトラム、マジョラム（粉）	適量
チキンブイヨン	200mL
グリーンソース	
マヨネーズ	50g
ほうれん草	20g
パセリ	5g

作り方

1. レバーを水できれいに洗い、ペーパータオルなどで水分をふき取る。
2. 玉ねぎをみじん切りにしてひまわり油で軽く炒める。
3. 1をフードプロセッサーにかけ、ボウルに移す。
4. 3のボウルに2、ソース以外のその他の材料を加えてよく混ぜる。
5. 鍋にチキンブイヨンを入れて火にかけ、沸騰したら弱火にし、4をスプーンで形を整えて入れ、沸騰しない状態で5〜6分ゆでて中まで火を通す。
6. ソースを作る。ほうれん草とパセリの茎を取り除いて、葉だけをフードプロセッサーにかけたものをマヨネーズに加えて混ぜ合わせる。
7. 器にソースを敷き、まわりに5を盛る。

Hühnerleberklößchen Grünesoße

チキンレバー団子 グリーンソース

マジョラムはフレッシュでも乾燥物でも結構です。フードプロセッサーがない場合はミキサーでも構いません。両方ない場合は包丁で細かく切ってください。
材料を丸める時、柔らかすぎる場合は、パン粉を増やしてください。
レバー団子をゆでる時は絶対に沸騰させないでください。この料理は、P98の「野菜の盛り合わせ　ヒルデガルトのヨーグルトソース」と合わせるのがお勧めです。

骨付き仔羊のコートレット にんじんの甘煮添え

ヒルデガルトは、羊肉について「病気の人にも元気な人にも勧められる肉」、ただし、「この肉は暖かい日々に食べるように。冬場は肉が冷たいので健康な人以外には適さない」と言っています。「体が弱り抵抗力がなくなった時、ひきつけを起こした時などは、この肉をゆでてスープにし、体力が回復するまでスープを摂るとよい。肉は少量摂るようにする」という処方を残しています。現代でも、羊肉はヘルシーで、貧血の改善や生活習慣病である動脈硬化や高血圧、糖尿病の予防などに効果があるとされています。

材料（4人分）

仔羊ロース肉（骨付き）	12本
ガランガー（みじん切り）	小さじ1
ベルトラム	1つまみ
にんにく（すりおろす）	2片分
玉ねぎ	200g
チキンブイヨン	200mL
サワークリーム	50g
スペルト小麦粉	小さじ2
ひまわり油	適量
塩、こしょう	各適量

作り方

1. 仔羊肉の両面に塩、こしょう、ガランガー、ベルトラム、にんにくをすりこみ、スペルト小麦粉小さじ1をまぶす。玉ねぎはみじん切りにする。
2. フライパンにひまわり油を熱し、中火で肉の両面に焼き色をつけ、ミディアムの焼き加減にする。
3. 肉を取り出し、アルミ箔で包んで保温しておく。
4. 同じフライパンにひまわり油を足し、玉ねぎを弱火で炒める。
5. 4にチキンブイヨンを注ぎ、数分煮る。
6. サワークリームとスペルト小麦粉小さじ1を混ぜ合わせたものを、5の鍋に加え、木ベラなどで混ぜながら、とろみが出るまで弱火で煮る。
7. 3の肉を加え、温まったら皿に盛り、6のソースをかける。にんじんの甘煮（別記）を添える。

にんじんの甘煮　glasierten Karotten

材料（4人分）

にんじん200g、ひまわり油大さじ1、ブラウンシュガー大さじ1、ガランガー（みじん切り）・ベルトラム各1つまみ、チキンブイヨン1/2カップ

作り方

1. にんじんは皮をむき、2cm角に切る。
2. 小鍋にひまわり油を熱し、中火でにんじんを炒める。
3. ブラウンシュガー、ガランガー、ベルトラムを加える。
4. チキンブイヨンを注ぎ、沸騰したら弱火にして、にんじんが柔らかくなるまで煮る。

Lammkoteletts mit glasierten Karotten

骨付き仔羊のコートレット にんじんの甘煮添え

オーブンで肉を焼く場合は、やや強火で肉の両面に焼き色をつけ、180°Cに熱したオーブン に約5分入れてください。すぐにアルミ箔でしっかり包み10分。ちょうどよいロゼ色に仕上がります.

チキンのハンバーグ　山羊のクリームチーズ入り

鶏肉についてヒルデガルトは、人が食べるのに適した肉であり、食べても太らないと述べています。チーズは現在あるような形のものではありませんが、ヒルデガルトが生きていた時代には修道院で作られていたようです。冷蔵庫のない時代、調理したチーズやドライチーズを食べて具合が悪くなる人がいたのでしょうか、そうならないように、ヒルデガルトはチーズにクミンのパウダーをかけて食べるよう勧めています。

材料（4人分）

	玉ねぎ	100g
	ライ麦パン（硬くなったもの）	2切
	鶏ひき肉	400g
A	卵	2個
	パン粉	40g
	マスタード	小さじ1
	ヨーグルト（無糖）	大さじ2
	パセリ（みじん切り）	大さじ2
	山羊のチーズ	40g
	クミン（粉）	1つまみ
	ひまわり油	適量
	塩、こしょう	各適量
	細かいパン粉	適量

作り方

1. 玉ねぎをみじん切りにし、ひまわり油で軽く炒め、冷やす。
2. ライ麦パンを水に入れふやかし、よく絞る。
3. ボウルに鶏ひき肉を入れ、1、2、Aを加えてよく混ぜ合わせ、塩、こしょうで下味を付ける。
4. 3を4等分にし、山羊のチーズにクミンを振りかけたものを、肉の真ん中に詰め、チーズがはみ出ないようにハンバーグ状に丸める。細かいパン粉をまぶす。
5. フライパンにひまわり油を入れて熱し、肉の両面に焼き目をつけたら、180℃に熱したオーブンに約10分入れ、肉に火を通す。
6. 器に盛り、温かいうちにサーブする。

山羊のチーズが苦手な方にはクリームチーズを代用してください。ライ麦パンがない場合は、バゲットなどの堅くなったものをお使いください。水でふやかしよく絞って加えてください。この料理には、P102の「フェンネル、オレンジ、アーモンドのサラダ」P114の「スペルト小麦入りのロワイヤルの香草ソース」などがよく合います。

Geflügelfrikadelle

チキンのハンバーグ　山羊のクリームチーズ入り

ターキー胸肉のロースト　栗とりんご詰め

七面鳥についてヒルデガルトは何も述べていませんが、現代のヒルデガルトの食事療法では、七面鳥の肉は鶏肉と同じように消化しやすく低脂肪で、健康的な食材とされています。ヒルデガルトが勧める食材、栗とりんごを巻いて、バランスのよい料理です。見た目も豪華で、味わいも食感もごちそう感がある逸品です。

材料（4人分）

七面鳥胸肉	500g
りんご	1個（200g）
栗	100g
レーズン	大さじ1
パン粉	大さじ1
塩、こしょう、ガランガー	各適量
サラダ油	適量
白ワイン（甘口）	100mL
スペルト小麦粉	適量

作り方

1. 七面鳥胸肉の厚い部分からナイフを入れ、ポケット状にする。
2. りんごの皮をむき、1cm角に切る。栗はゆでて皮をむいて4等分に切る。
3. 2をボウルに入れ、レーズン、パン粉、塩、こしょう、ガランガーを加えて、1の肉のポケットに詰め込み、楊枝で中身が出ないように止める。
4. 油をひいたフライパンを熱し、3を入れて焼き、両面に薄く色がついたら、180℃に熱したオーブンで約20分火を通す。
5. 肉に八分ほど火が入ったところで白ワインを加え、さらに5分オーブンで熱する。
6. 肉を取り出し、フライパンに残った汁にスペルト小麦粉を加えてとろみをつけ、塩、こしょうで薄く味をつける。
7. 肉を切り分けて器に盛り、6をかける。

七面鳥が手に入らない時は、鶏の胸肉を使って同じように作ります。その場合は鶏肉の大きさで詰め物の量とオーブンに入れる時間を調節してください。表面を焼いてから蒸し器を使って蒸してもおいしくできます。スペルト小麦粉がなければ、普通の小麦粉でとろみをつけてください。

Gebratene Putenbrust mit Apfel-Maronen-Füllung

ターキー胸肉のロースト　栗とりんご詰め

仔羊もも肉とレンズ豆の煮込み

ヒルデガルトは、豆類は健康によいと勧めています。レンズ豆はスペルト小麦と共に、中世ヨーロッパの修道院の食ではかなり重要な食材です。この料理は、肉と豆を柔らかく煮込んだ、食べやすく栄養価の高い料理です。体に抵抗力がなくなった時などにお勧めです。レンズ豆はグリーン系とブラウン系の色がありますが、どちらを使用してもかまいません。

材料（4人分）

仔羊もも肉（ぶつ切り）	約640g
レンズ豆	100g
にんじん、玉ねぎ	各40g
長ねぎ	1/2本
チキンブイヨン	150mL
ガランガー（すりおろし）、ベルトラム粉、ヒソップ	各1つまみ
ワインビネガー	小さじ1
サラダ油	適量
塩、こしょう	各適量

作り方

1. レンズ豆は2時間水に漬けておく。
2. 肉に塩を振り、下味をつける。
3. にんじん、玉ねぎは1cm角に切り、長ねぎは1cm幅に切る。
4. フライパンにサラダ油大さじ1を熱し、強火で肉に焼き色をしっかりとつける。肉はバットなどに取り、アルミ箔をかぶせて保温しておく。
5. 別の深さのある鍋にサラダ油小さじ2を熱し、3を炒める。
6. 1のレンズ豆の水気を切り、5に加える。
7. 4の肉とチキンブイヨンを加え、約30分弱火で煮る。
8. 肉が柔らかくなったら、ガランガー、ベルトラム粉、ヒソップ、塩少々を加える。
9. 最後にワインビネガーを加え、ひと煮立ちしたら、器に盛りつける。

仔羊肉は肩肉でも結構です。ビネガーがさっぱりとした風味を加えます。

Lammkeule mit Linseneintopf

仔羊もも肉とレンズ豆の煮込み

イースターの仔羊料理 ひよこ豆のピューレ

ヒルデガルトによると、肉を食べるならば若い動物の肉がよいそうです。またあまり頻繁に食べないように、脂肪分の多い肉を食べ過ぎないようにと述べています。豆類も健康によいと勧めています。ひよこ豆は食べやすく、悪い体液を増やさないそうです。

材料（3～4人分）

仔羊もも肉	600g
にんにく	1片
香辛料（クローヴ粉、ガランガー粉、ベルトラム粉、セイジ粉）	合わせて大さじ1
スペアミント	適量
ローズマリー	1枝
塩、こしょう	適量
大豆油	大さじ2
玉ねぎ	100g
にんじん	50g
ローリエ	1枚
サワークリーム	50g
スペルト小麦粉	適量
赤ワイン	125mL
ひよこ豆のピューレ（作り方別記）	300g

作り方

1. 塊肉にナイフで切り込みを入れ、にんにくを細く切って差し込む。
2. 香辛料とスペアミント、ローズマリーの葉をちぎって混ぜ、肉にすり込み、塩、こしょうを振る。
3. フライパンに油をひき、玉ねぎとにんじんをぶつ切りにして入れ、ローリエを加え、2の肉をのせ180℃に熱したオーブンで焼く。肉全体に焼き色がつくように時々ひっくり返し、焼き色がついたら水100mLを加える。
4. 20分経ったら金串で肉の真ん中を刺して、肉の中心が温かかったら取り出しアルミ箔で包んで保温しておく。
5. フライパンの野菜と水分を手鍋に移し、赤ワインを加え5～10分煮る。
6. 5を網で漉して手鍋に戻し、サワークリームを加えスペルト小麦粉でとろみをつける。
7. 肉を切り分けて器に盛り、ひよこ豆のピューレを添え、6のソースをかける。

ひよこ豆のピューレ

材料

ひよこ豆300g、バター30g、玉ねぎ100g、サワークリーム大さじ1、塩・ベルトラム粉・ガランガー粉・ナツメグ各適量

作り方

1. ひよこ豆は前日にたっぷりの水に漬けておく。
2. 鍋に新しい水を入れ、ひよこ豆を柔らかくなるまで約1時間煮る。ざるに空け、水分を切り、フードプロセッサーで撹拌する。フードプロセッサーがない場合はポテトマッシャーなどでつぶす。
3. 玉ねぎをみじん切りにし、鍋にバターを入れ弱火で色がつかないように炒め、2と水20mLを加え再度温める。
4. サワークリームと塩、香辛料を加え、味を調える。

Osterlamm mit Kichererbsenpüree

イースターの仔羊料理　ひよこ豆のピューレ

肉の焼き具合は、中央を金串で刺して5秒間おいてから抜き、串の真ん中を指で触ってみてください。生ぬるかったらもう一度オーブンに5～6分入れて温かい状態で取り出すようにしてください。アルミ箔で包んで10分以上寝かせるとちょうどよいロゼ色に仕上がります。

チキンのワイン煮 リースリング風味

滋養のある鶏肉に、きのこと香辛料をたっぷりと入れた、健康的でバランスのよい料理です。エストラゴン（英名タラゴン）には、消化促進、体内浄化などの効能があります。もも肉の皮を取り除くことで、余分な脂が取れ、ダイエットにも適した料理となります。スペルト小麦のパスタがあればそれを添えてもよいでしょう。

材料（4人分）

鶏もも肉（骨つき）	4本（180～200g）
にんにく	1片
ベルトラム、ガランガー（すりおろし）	各1つまみ
スペルト小麦粉	適量
ひまわり油	適量
きのこ類（しめじ、しいたけ、まいたけ、マッシュルームなど）	あわせて200g
白ワイン（リースリング種）	200mL
ローリエ	1枚
ヒソップ、エストラゴンの葉	各1つまみ
生クリーム	200mL
塩、こしょう	各適量

作り方

1. 鶏もも肉の皮を取り除き、ペーパータオルで水分をふき取る。
2. にんにくを半分に切り、切り口を肉に擦り込むようにつける。
3. 塩、こしょうを振り、ガランガーとベルトラムをまぶし、さらにスペルト小麦粉をまぶす。
4. 鍋にひまわり油を熱し、中火で3の両面を焼く。肉に焼き色がついたら弱火にして白ワインを加える。
5. 4にきのこ類とローリエ、ヒソップ、エストラゴンの葉を加え、ふたをして肉に火が通るまで、弱火で約20分蒸し煮する。
7. 肉に火が通ったら取り出し、鍋に生クリームを加えて沸騰したら弱火にし、とろみが出るまで煮る。塩、こしょうで味を調える。
8. 肉を皿に盛り、7を肉にかける。

Hühnchen in Riesling

チキンのワイン煮 リースリング風味

鶏肉を蒸し煮している間、時々ふたを開け、水分を確認してください。少なくなっていたら少量の水を足してください。リースリング種のワインがない場合は、甘みのないワインなら他の品種でも大丈夫です。エストラゴンは乾燥でも生でもどちらでも結構です。

鹿肉のステーキ オレンジ風味 栗のペースト添え

「鹿は森の中で生活していることから、香草や木の実などを食しているため、おいしい香りの肉となっている。静かな自然の中で生き、山に登ったりする純粋で健康的な動物である」とヒルデガルトは推奨し、病気の人にも健康な人にも勧めています。現代でも、鹿は食べごたえがあるのにヘルシーで、理想的なダイエット肉とされています。栗との相性は、味も栄養価も理想的です。

材料（4人分）

鹿ロース肉……400g
スペルト小麦粉……適量
オレンジ……2個
ひまわり油……適量
栗のペースト（別記）……適量
コケモモのジャム……大さじ2
塩、黒こしょう……各適量
マリネ液
- 赤ワイン……200mL
- ガランガー（粉）……1つまみ
- ローリエ……1枚
- クローブ……3粒
- タイム（粉）……小さじ2
- ジュニパーベリー……5粒
- レモンの皮（すりおろし）……1個分

作り方

1. マリネ液の材料を合わせ、鹿肉を一晩漬ける。
2. 鹿肉の水気をふき、塩、こしょうで味をつける（マリネ液は取っておく）。
3. フライパンにひまわり油を熱し、強火で鹿肉の周りに焼き色をつけ、そのまま200℃に熱したオーブン に入れ約10分焼く。
4. 肉を取り出し、アルミ箔に包んで15分ほど置く。
5. 小鍋に少量のひまわり油を入れ、スペルト小麦粉を加え、弱火で炒める。
6. 5にマリネ液を加えて、沸騰したらアクをていねいに取り除きながら煮詰める。オレンジ1個分の果汁を搾って加え、さらに煮詰める。
7. コケモモジャムの半量を加え、塩、こしょうで味を調える。
8. 肉を切って皿に盛り、もう1個のオレンジの実をフィレにして肉にのせ、残りのジャムを添える。
9. 7のソースをかけ、栗のペーストを添える。

鹿肉はスパイスたっぷりのワイン液で 一晩マリネすることで、風味よく、柔らかく仕上がります。コケモモのジャムがなければクランベリーなどベリー系のジャムを使ってください。

栗のペースト　Kastanienpüree

材料（4人分）

栗600g、りんご1個、ザラメ小さじ1、溶かしバター大さじ2

作り方

1. 栗の底の部分だけを切り取り、沸騰した湯で約20分ゆでる。
2. りんごは皮をむき、いちょう切りにする。
3. フライパンにザラメを入れ火にかけ、熱くなったら水1カップを注ぎ入れる。
4. 栗の皮を取ったものと2を加え、弱火で5分静かに熱する（かき回さないこと）。
5. 水気を切り、ミキサーにかけ、溶かしバターを加えて混ぜ合わせる。

Hirschsteaks mit Orangen und Kastanienpüree

鹿肉のステーキ オレンジ風味栗のペースト添え

チキンレバーとりんご炒め サワークリーム風味

鶏のレバーはヒルデガルトが勧める食材のひとつで「滋養強壮の効果があり、どんな病気にもレバー料理は役に立つ」と言っています。スペルト小麦、りんごと、ヒルデガルトお勧めの食材が揃った料理です。りんごは熱を加えることで、体が弱っている方も食べやすくなっています。ペニーロイヤルミントは香りのとてもよいハーブで、消化器系、呼吸器系の不調全般にいいと言われています。

材料（4人分）

鶏レバー	400g
スペルト小麦粉	適量
玉ねぎ	200g
りんご	1個
ひまわり油	大さじ2
サワークリーム	220g
ペニーロイヤルミント（乾燥）	小さじ1
ベルトラム	小さじ1
パセリ	大さじ2
スペルト小麦（ゆでたもの）	200g
塩、こしょう	各適量

作り方

1. 鶏レバーはよく洗い、水気をふき取り、塩、こしょうを振って、スペルト小麦粉をまぶす。玉ねぎはみじん切り、りんごは皮をむき、いちょう切りにする。
2. フライパンにひまわり油を熱し、中火でレバーの両面を焼く。全体に焼き色がついたらフライパンから取り出す。
3. ソースを作る。同じフライパンで玉ねぎを炒め、りんごを加えて軽く炒める。サワークリーム、ペニーロイヤルミントを加えて混ぜる。さらにベルトラムとパセリを加え、塩、こしょうで味を調える。
4. ソースが温まったらレバーを戻し、中まで温める。
5. 皿にスペルト小麦を盛りつけ、その上に5を盛る。

乾燥のペニーロイヤルミントは、ハーブティーとしても販売されています。手に入らない場合は、生のミント類を細かく刻んでください。レバーを炒める時には、火を通しすぎないこと。最後にソースに加えてちょうど火が入るのが理想です。

Hühnerleber auf Dinkel

チキンレバーとりんご炒め サワークリーム風味

クリスマスの終わりは三賢の王の来訪による

野田浩資

クリスマスを楽しむ人々

ヨーロッパの人々にとって、一年で一番大切なイベント、クリスマス。11月最後の日曜日から町ではクリスマスの準備が始まります。各家庭ではアドヴェント待降節《たいこうせつ》（ラテン語のアドヴェントウス［到来］）のためのアドヴェントクランツ（樅の木の枝を丸くしたリース）が飾られ、4本のローソクを立て、1本のローソクに火を灯します。その日から日曜日が来るたびに1本ずつ火を灯し、最後の1本の4本目が灯ると、クリスマスはもう目の前、24日のイヴは家族で大事な晩餐です。25日は外にはあまり出ずに家庭で静かに時を過ごします。

1週間ごとにキャンドルに火を灯し、クリスマスを待つリース、アドヴェントクランツ。©Liesel

町でもクリスマスの準備が始まります。市庁舎の前の広場では特設のテントを張り、数多くのマーケットが盛大に繰り広げられ、大きなクリスマスツリーが飾られます。クリスマスマーケットで有名な町として、ドレスデン、ニュルンベルク、ローテンブルク、シュトゥットガルトがあります。

寒い冬の夜、人々はグリューワインを飲みながらプレゼントや飾りつけるものを買うため、マーケットを見て回ります。グリューワインとは、赤ワインにたくさんの香辛料とオレンジ、レモンを入れ、温めて飲むワインです。クリスマスマーケットには必ずこのグリューワインを売る店が何軒か出店していて、これを飲まないと「クリスマス近し」の実感がわかないほど、重要な飲み物なのです（レシピP65）。

ドイツ最古のクリスマスマーケット

ドレスデンのクリスマスマーケットはシュトリーツェルマルクトと呼ばれ、ドイツで最も古いマーケットとされています。１３７０年には既に「シュトリーツェルマルクトが開催されている」と書かれた文献が残されています。シュトリーツェルとは旧市街の中心に位置する広場のことですが、この地域のクリスマスケーキ、シュトレンの古い呼び方でもあります。

１９９７年には２４８軒もの店が出店し、大変なにぎわいでした。どんな物が販売されているのでしょう。シュトレン、レープクーヘンなどのお菓子をはじめ、ワイン、ハムやソーセージ、樅の木や枝、生花、造花、ワイングラスなどのグラス製品、キッチン道具の刃物や鍋類、絵画、革製品、靴下や帽子、テーブルウェア、クリスマスの小物飾り、木工製品、子供のおもちゃ等がところ狭しとならんでいます。回るだけでその地方の伝統的な手工芸品をたくさん見ることができます。

広場の中央には高さ14ｍもある巨大なクリスマス回転ピラミッドがそびえています。このピラミッドは１８００年ごろからエルツ山地周辺で細長く薄い板で作られている灯台で、８段にわかれ、各段にはクリスマスをテーマとした人形、動物、家などの模型や、ローソクが飾られています。てっぺんには風車の羽根のようなものが付いています。町によってマーケットの飾りつけが異なり、地域の特徴が見られるの

ドイツで古い歴史のあるドレスデンのクリスマスマーケット。©LH DD Wifö

も楽しみです。

クリスマスは東方の三賢の王の祝日まで

クリスマスは次の年の1月6日の、三王来朝 Heilige Drei Koenig（ハイリゲドライケーニッヒ）の祝日で終わりを遂げます。クリスマスツリーもこの日まで飾られます。

三王とは、新約聖書に登場する三賢の王、カスパール（C）、メルヒオール（M）、バルタザール（B）の三博士。キリストの誕生を聞いて3人の賢者が星に導かれて東の国からやってきます。

初期オランダ・ルネサンス期に活躍した画家、ヘラルト・ダヴィトによる『東方三博士の礼拝』（1515年）/ナショナル・ギャラリー

この様子は、ベロネーゼ、ファブリアーノ、ルーベンス、ムリーリョ、ツーベランなど、多くの画家によって描かれた『東方三博士の礼拝』によって、当時の模様を垣間見ることができます。

彼らがイエスの誕生の知らせを受けベツレヘムへ赴いた日にちなみ、一年の祝福を約束する文字としてキリスト教徒の各家庭の入口の扉に白墨のようなもので、暗号のように書かれます。2023年の1月の場合（20C＋M＋B＋23）となります。この記号が書かれることにより、その家庭ではクリスマスツリーが片付けられるのです。冬にヨーロッパを旅すると、よくこの記号を目にすることがあります。

Part 6

デザート

ドイツはさまざまな種類のフルーツが採れるので、季節の果物を使ったデザートは、人々の楽しみでもあります。しかし、ヒルデガルトはどんなフルーツでも食べていいとは言っていません。また生よりも加熱を勧めています。中世の時代から人々に愛されてきた、ヒルデガルトが勧めるデザートを楽しんでください

りんごの煮込みタルト詰め

りんごはヒルデガルトが健康によいと勧める果物のひとつですが、健康な人のみが生で食べてもよく、病気の人は煮るまたは焼いて食べるよう勧めています。ヒソップは、日本ではヤナギハッカと呼ばれるシソ科の植物で、甘くさわやかな香りがするハーブです。ヒルデガルトは、ヒソップを「あらゆる料理に使える理想的なハーブ」としています。疲労回復や食欲増進などの効果があるとされています。

材料（直径8.5cmのタルト型4個分）

タルト生地（作り方別記）	120g
りんご	2個
バター	小さじ1
白ワイン	50mL
シナモン	小さじ1/2
ヒソップ	小さじ1
はちみつ	大さじ1
スペルト小麦粉	小さじ1

作り方

1. タルト生地を麺棒で5mmの厚さに伸ばし、バターを塗って（分量外）小麦粉を振った（分量外）型に敷いて、180℃に温めたオーブンで約15分空焼きする。
2. りんごの皮をむいて4等分にし、種を取り除いて1cm角に切る。
3. 手鍋にバターを入れて中火にかけ、2を加えて色がつかないように軽く炒める。
4. 3に白ワインとシナモンを加え、ヒソップを布に包み加えて5分程煮る。
5. ヒソップを取り出し、はちみつを加えて混ぜ合わせる。
6. スペルト小麦粉に水を少量加えて混ぜ合わせ、5に加え弱火で煮る。
7. とろみがついたら、火から外して器に入れて冷蔵庫で冷やす。
8. よく冷えた7を、焼いたタルト型に盛りつける。

タルト生地

材料（できあがり350g）

バター（室温に戻す）75g、粉糖75g、ココアパウダー小さじ1/2、バニラエッセンス少々、クローヴ（粉）小さじ1/2、レモンの皮（すりおろし）1/4個分、スペルト小麦粉125g、アーモンドプードル50g、ベーキングパウダー5g、シナモン（パウダー）小さじ1/2、卵1個

作り方

1. バターを泡立て器でクリーミーな状態にして、粉糖を加えてさらによく混ぜる。
2. 1にココアパウダー、バニラエッセンス、クローヴ、レモンの皮のすりおろしを加え、よく混ぜ合わせる。
3. スペルト小麦粉、ベーキングパウダー、アーモンドプードル、シナモンパウダーをふるいにかけて加え、さっくり混ぜる。
4. 別のボウルに卵を溶きほぐし、3に加えて混ぜ合わせる。
5. 4を1時間冷蔵庫で寝かせる。

Apfelraguot mit Dinkelkruste

りんごの煮込みタルト詰め

スペルト小麦で作った香ばしいタルトに、りんごをシナモン、ヒソップ、はちみつを加えたワインで煮たものをたっぷりと詰めたデザートです。

カイザーシュマーレン

ヒルデガルトは著書『フィジカ』で小麦、ライ麦、大麦などの7つの穀物について述べていますが、それらの中で最もよいと述べているのがスペルト小麦です。スペルト小麦は、「パンでもそれ以外の料理でも、どのような形で食べても、これは健康によく消化がよい」そうです。皇帝に愛されたお菓子、カイザーシュマーレンをスペルト小麦で作った、健康的な味わいです。

材料（4人分）

卵	6個
ブラウンシュガー	小さじ2
塩	2つまみ
牛乳	220mL
スペルト小麦粉	180g
バター	大さじ4
レーズン	大さじ2
粉糖	適量
季節のジャム	適量

作り方

1. 卵を卵黄と卵白に分け、それぞれボウルに入れる。卵白にブラウンシュガーを加えて泡立て器でしっかりとメレンゲ状になるまで泡立てる。
2. 卵黄のボウルに塩を入れてよく混ぜ、牛乳とスペルト小麦粉を加えよく混ぜる。
3. 2に1を加えて、ヘラで軽く混ぜ合わせる。
4. フライパンにバターを入れて中火にかけ、3の生地を流してレーズンを散らす。
5. 生地の底に色がついてきたら、フォークで生地を適当に切り刻み全体を炒め、皿に盛りつけて粉糖をかける。
6. 好みのジャムを添える。

スポンジのでき損ないを切り刻んだようなお菓子に見えますが、ジャムが絡みやすい形状です。ハプスブルグの皇帝、カイザー・フランツ・ヨーゼフが大好きだったデザートで、妻のエリザベート（シシー）とこれを食べた時に彼女の分を少し横取りしたという話もあります。

Kaiserschmarrn mit Dinkel

カイザーシュマーレン

りんごのタルト　チューリッヒ風

昔、チューリッヒの司祭は、このりんごのタルトで客をもてなしたと伝えられています。シナモンは、ヒルデガルトのレメディや料理にもよく使われるスパイスです。シナモンの木には、強い熱性とパワーがあり、これをしばしば食べている人は、悪い体液を減らし、よい体液をもたらす」とヒルデガルトは述べています。

材料（26cmタルト型1台分）

生地

スペルト小麦粉	200g
塩	1つまみ
バター	100g
ワインビネガー	大さじ1
卵黄	1個分

フィリング

アーモンド粉	150g
ブラウンシュガー	100g
シナモン（粉）	1つまみ
卵	2個
りんご（紅玉）	3個
アプリコットジャム	適量

作り方

1. ボウルに小麦粉と塩を入れ、2cm角に切ったバターを混ぜ合わせる。
2. ワインビネガー、水大さじ１、卵黄を加えて、練りこまないようにまとまる程度に混ぜる。
3. ラップに包んで30分冷蔵庫で寝かせる。
4. タルト型にバターを塗り（分量外）、生地を伸ばして型に敷き、はみ出た部分は切り落とし、冷蔵庫で10分程度落ち着かせる。
5. 底にフォークで穴をいくつも開け、クッキングシートをかぶせて重しを置いて、180°Cに熱したオーブンで15分焼き、重しを外してさらに5分空焼きをする。
6. フィリングを作る。ボウルにアーモンド粉、ブラウンシュガー、シナモンを入れる。
7. 卵を卵白と卵黄に分け、卵黄を6に加える。
8. りんご1個は皮と種を取り除き、粗くおろして7に加える。
9. 卵白を7分立てにしたものを8に加えて混ぜ、空焼きしたタルト型に盛りつける。
10. りんご2個の皮をむき、半切りにして、さらにそれぞれ8等分に切って種を取り、9の上に並べる。
11. 10の表面にアプリコットジャム少量を薄く塗り、200℃に熱したオーブンで約40分焼く。
12. 焼き上がりにジャムを再度塗る。

Zürcher Pfarrhaustorte

りんごのタルト　チューリッヒ風

紅玉が出回る11月から2月頃にぜひ使って作っていただきたいタルトです。
タルトの生地を空焼きする時の重しは、ケーキ材料店などで手に入ります

ダークチェリーのシュトルーデル

シュトルーデルは生地で巻いたお菓子。生地の材料であるヒルデガルトお勧めのスペルト小麦について、近年のドイツでの研究でスペルト小麦には体のあらゆる細胞の増殖を刺激し、血液や免疫組織の細胞を作る骨髄も刺激する働きのある成分が含まれていると明らかになったそうです。この研究は、ヒルデガルトが「スペルト小麦は引き締まったよい肉とよい血液を作る」と述べていることを、科学的に証明していると言えそうです。

材料（1本分・4〜5人分）

シュトルーデルの生地（作り方別記）	100g
ダークチェリー	200g
パン粉	25g
ブラウンシュガー	50g
サワークリーム	50g
卵黄	適量
溶かしバター	10g

作り方

1. シュトルーデルの生地を紙のように薄く伸ばす。
2. 生地より一回り大きい木綿布を用意しその上に伸ばした生地を敷く。
3. ダークチェリーの種を取り除く。
4. 生地の左右両端と前の方を5cmあけ、パン粉とブラウンシュガーを振る。
5. サワークリームを絞り袋に入れ、生地の手前側に絞る。
6. ダークチェリーを散らし、生地の手前からロール状に丸め、両端をねじって詰め物がこぼれ落ちない様にする。
7. 布ごと生地を持ち上げ、転がすように天板にのせる。
8. 180℃に熱したオーブンに入れ、15分ほど焼いたら生地全体に卵黄を塗り、オーブンに戻す。10分焼いたら溶かしバターを塗り、オーブンに戻して10分焼く。きれいな焼き色がついたらできあがり。

シュトルーデル生地

材料（作りやすい分量）

スペルト小麦粉350g、卵1個、水150mL、塩5g、サラダ油20mL

作り方

1. すべての材料を混ぜ合わせ、約1時間冷蔵庫で寝かせる。余った生地はラップフィルムに包んで冷蔵庫で保存できる。

Kirschstrudel

ダークチェリーのシュトルーデル

生地を丸める時に、前もって生地の前方の空いている部分に水をつけておくと、生地と生地がくっついてはがれにくくなります。最後に塗る卵黄は、表面にツヤを出しますが、家庭で作る場合は省いても大丈夫です。

さくらんぼのタルト

現代の栄養学では、さくらんぼは、ビタミンA、C、Eや、鉄分、亜鉛、カリウム、マグネシウムなどのミネラル豊富な健康によい果物と言われていますが、ヒルデガルトは、食べ過ぎには注意しなければいけないと、『フィジカ』でやんわりと戒めるような言い方をしています。健康な人がさくらんぼを食べるのには支障ないけれど、病気の人や体に悪い体液がある人が食べ過ぎないようにと注意しています

材料（直径10cmのタルト型5個分）

バター	125g
ブラウンシュガー	125g
スペルト小麦粉	250g
全卵	1個
さくらんぼ（1人分）	5～6個

フィリング

生クリーム	50mL
卵	2個
ブラウンシュガー	60g
ベルトラム	1つまみ
シナモン	小さじ1/2

作り方

1. バターを室温に戻し、泡立て器でよく混ぜてクリーミーにして、ブラウンシュガーを加え混ぜる。
2. スペルト小麦粉をふるいにかけ1に加える。
3. 溶き卵を2に加えて混ぜ合わせ、ラップフィルムで包み、冷蔵庫で1時間寝かせる。
4. 3を麺棒で1cm弱の厚さに伸ばし、内側にバター（分量外）を塗った型に敷く。冷蔵庫で30分寝かせる。
5. 型に重しを入れ、180℃に熱したオーブンで約15分空焼きする。
6. さくらんぼの種を取り除き、半切りにしてタルト型に並べる。
7. フィリングの材料をボウルにすべて入れて混ぜ合わせ、6に流し込み、180℃に熱したオーブンに入れ約20分焼く。
8. 型から取り出し冷やす。

Kirschtorte

さくらんぼのタルト

さくらんぼが出回る時期の季節感のあるデザートとしてお勧めです。タルト型はお持ちの物をお使いください。

栗のピラミッド

栗は、脳と神経に働く理想的な食べ物であり、南ヨーロッパでは重要な栄養食であったそうです。ヒルデガルトはゆでた栗の実を空腹時や食事で食べていると、うつろでぼんやりした頭の働きが改善されると述べています。また脾臓に痛みがある時には焼き栗を食べるよう勧めています。

材料（4人分）

栗のピューレ（作り方別記）	540g
クリスタルシュガー	100g
ココアパウダー	100g
ホイップクリーム	適量
ミントの葉	適量

作り方

1. 栗のピューレを4等分し、1人分5～6個の大きさに丸める。
2. クリスタルシュガーとココアパウダーを混ぜ、1の周りにまぶす。
3. ガラスの器に盛り、ホイップクリームを絞って飾る。
4. ミントを飾る。

栗のピューレ

材料（作りやすい分量）

栗の実550g、牛乳80mL、生クリーム50mL、バニラエッセンス適量、ブラウンシュガー大さじ1～2

作り方

1. 栗と水を鍋に入れ、ふたをして10分間ゆで、熱いうちに皮をむく。
2. 別の鍋に牛乳と同量の水を入れ、1を加え柔らかくなるまでゆでる。
3. 栗を取り出し、ボウルに入れてポテトマッシャーでつぶす。生クリームとバニラエッセンス、ブラウンシュガーを加えて混ぜる。

トリュフチョコレートの栗版のようなもので、栗のピューレがまろやかでお子様にも喜ばれる一品です。もともとはピラミッドのように盛りつけたことからこの名がつきました。ヒルデガルトが推奨する栗を味わってください。

Kastanienpyramide

栗のピラミッド

シュワルツワルドのダークチェリーケーキ

ヒルデガルトは、さくらんぼは特に役立つでも害になるでもないと述べ、「毒にも薬にもならない」果物と見なしていたようです。このためでしょうか、ヒルデガルトの食事療法ではキッチンポイズンとされる桃とプラムをもう食べないと泣く泣く決めたとしても、さくらんぼは楽しめるなどと言われています。

材料（直径21cm型1台分）

スポンジ

卵	5個
ブラウンシュガー	125g
スペルト小麦粉	100g
ココアパウダー	25g
溶かしバター	40g

シロップ	適量
ダークチェリー（缶）	1缶
生クリーム	400mL
ブラウンシュガー	40g
板チョコ	適量

作り方

1. スポンジを作る。卵は卵黄と卵白に分けてそれぞれボウルに入れる。
2. 卵黄にブラウンシュガー80gを入れて、白っぽくなるまで泡立て器でよく混ぜる。
3. 卵白は八分立てに泡立て、残りのブラウンシュガーを加え、角が立つまで泡立て、1に数回に分けて加え混ぜる。
4. スペルト小麦粉とココアパウダーを混ぜ、2に加え、切るように混ぜ合わせる。
5. 溶かしバターを加えて軽く混ぜる。
6. 型にハトロン紙を敷いて5を流し込み、180℃に熱したオーブンで約30分焼く。オーブンから取り出し常温で中まで冷ます。
7. 冷えたスポンジを横半分に切り、両切口にシロップを塗る。
8. シロップを塗った片面にダークチェリーを敷き詰める。
9. 生クリームにブラウンシュガーを加えて泡立てて8に塗り、もう1枚のスポンジをかぶせる。
10. 残りのホイップクリームを全体に塗り、削った板チョコをまわりにまぶす。

Schwalzwälder Kirschtorte mit Dinkel

シュワルツワルドのダークチェリーケーキ

ダークチェリーは缶詰を使いましたが、時期によりフレッシュなものをお使いください。その場合は種を取ってから、シロップを薄めたもので5〜6分煮てから使ってください。シロップは、鍋に水60mL、砂糖大さじ2を入れて沸騰したら火を止めて粗熱を取り、キルッシュワッサー（サクランボのリキュール）小さじ2を加えますが、お子様が召し上がる場合は省いても大丈夫です。

ローテグリュツェ　聖ヒルデガルト風

「ワインは大地の血液であり、人間の血液と一体化する…」ワインは、ヒルデガルトの多くのレメディに使われる重要な飲み物です。またレモンの果実には熱を抑える働きがあるそうです。

材料（4人分）

さくらんぼ		200g
マルメロのコンポート（作り方P116）		200g
A	さくらんぼのジュース	400mL
	赤ワイン	200mL
	レモン汁	1個分
	ブラウンシュガー	100g
スペルト小麦粉		50g
さくらんぼのジュース		50mL

作り方

1. 鍋にAを入れて火にかけ、沸騰させ弱火にして数分煮る。
2. スペルト小麦粉を50mLのさくらんぼのジュースで溶いて、1に加えて一度沸騰させ、弱火にしてとろみが出るまで混ぜながら数分煮る。
3. さくらんぼと角切りにしたマルメロのコンポートを加え、すぐに火から下ろし冷やす。

Rote-Grütze "St.Hildegard"

ローテグリュツェ　聖ヒルデガルト風

ローテグリュツェは、いちごなど赤いベリー類が入る北ドイツのデザートですが、ヒルデガルトはいちご類を推薦していないので、マルメロとさくらんぼで作りました。さくらんぼのジュースはできれば果汁100%のものをお使いください。さくらんぼが柔らかくなりすぎないよう温まる程度に火を入れるのがコツです。

断食セミナーの栗のケーキ

ヒルデガルトは、「栗の木は思慮分別を象徴し、これには美徳が宿り、この実はあらゆる病気に役立つ」と記しています。ドイツで参加したヒルデガルト式断食セミナーの回復期の食事で出されたケーキです。参加者の一人がシェフに頼んでレシピをもらってきてくれました。それがこのレシピです。

材料（直径24cm 1台分）

卵	8個
バター	200g
ブラウンシュガー	200g
栗	300g
ヘーゼルナッツ粉	300g

作り方

1. 卵の卵黄と卵白を分ける。
2. 室温に戻したバターにブラウンシュガーを加えてよく混ぜ合わせ、卵黄を加えて混ぜる。
3. ゆでた栗の実をペースト状にしたものを2に加え、ヘーゼルナッツ粉を加え混ぜる。
4. 卵白を固く泡立ててメレンゲ状にし、3に加え、サクッと合わせる。
5. 型にクッキングペーパーを敷き、4を流し入れて180℃に熱したオーブンで45分焼く。

Kastanienkuchen

断食セミナーの栗のケーキ

小麦粉は使わず、ヘーゼルナッツ粉を使った軽いケーキです。市販の栗のピューレを使うとより簡単ですが、栗が出回る時期にはぜひ生の栗をゆでてお使いください。風味が違います。

木いちごのトルテ リンツ風

スペルト小麦とスパイス、果物のジャムを使った甘いお菓子。オーストリアの町リンツで１６００年代に作られたクッキーのようなケーキです。小麦粉の代わりに、ヒルデガルトが推奨するスペルト小麦粉を使用し、ヘルシーなケーキに仕上げています。ドイツ、オーストリアで人気のある、中世から愛される伝統菓子のひとつです。

材料（直径22cmのタルト型1台分）

スペルト小麦粉	250g
アーモンドプードル	100g
ベーキングパウダー	10g
バター	150g
粉糖	150g
ココアパウダー	小さじ 1/2
バニラエッセンス	適量
シナモンパウダー	小さじ 1/2
クローヴ（粉）	1つまみ
レモンの皮（すりおろす）	1/2 個分
卵	1 個
木いちごのジャム	300g

作り方

1. スペルト小麦粉、アーモンドプードル、ベーキングパウダーををふるいにかけ、ボウルに入れて混ぜておく。
2. 別のボウルで室温に戻したバターを、泡立て器でよく混ぜてクリーミーな状態にし、粉糖を加えてよく混ぜる。
3. 2にココアパウダー、バニラエッセンス、シナモンパウダー、クローブ、レモンの皮を加え、よく混ぜ合わせる。
4. 3に1の粉類を混ぜる。
5. 溶き卵を加え、混ぜ合わせたものを、1時間冷蔵庫で寝かせる。
6. 5の生地の1/4量を残し、麺棒で伸ばす。タルト型にバターを薄く塗り、小麦粉を少々（分量外）振り、生地を敷き詰める。
7. 生地に木いちごのジャムをたっぷり塗る。端は2cmほど空けておく。
8. 残りの1/4量の生地を麺棒で伸ばし、リボン状に切り、表面を格子状に飾る。
9. 180°Cに熱したオーブンに入れて40～45分焼く。

Linzer Torte

木いちごのトルテ リンツ風

スペルト小麦粉の粗挽きスフレ

スペルト小麦の粗挽き粉を使った、食べ応えのあるスフレです。オレンジの皮と実を加え、風味を加えました。ヒルデガルトは、スペルト小麦はすべての人の健康によいと言っています。ドイツには、スペルト小麦粉以外にも、スペルト小麦のフレーク、セモリナ（粗挽き粉）、ブラン（ふすま）や全粒粉などの様々なスペルト小麦製品があります。

材料（直径10cmのココット4個分）

卵	1個
砂糖	50g
スペルト小麦（粗挽き）	200g
ベーキングパウダー	10g
塩	1つまみ
牛乳	250mL
オレンジ	1個
バター	適量
シナモンパウダー	適量

作り方

1. 卵を卵黄と卵白に分けてボウルに入れる。卵黄に砂糖を加え、泡立て器でよく混ぜ合わせる。
2. 1にスペルト小麦半量とベーキングパウダー、塩を加え、よく混ぜ合わせる。
3. 2に牛乳を加え、全体がなじむように混ぜ合わせ、残りのスペルト小麦を加えて混ぜる。
4. オレンジの皮をすりおろして、3に加える。実は薄皮を取りフィレにする。
5. 卵白のボウルに少量の砂糖（分量外）を加え、泡立て器で角が立つまで固く泡立て、4に加える。ゴムベラを使い、泡をつぶさないよう軽く混ぜ合わせる。
6. ココットの内側にバターを塗り、砂糖少々（分量外）を振る。5の生地を半量入れ、オレンジのフィレを2枚のせ、かぶせるように生地を器の7分目まで入れる。
7. 180°Cに熱したオーブンに入れ、約20分焼く。生地がフワッと盛り上がった ら、オーブンから取り出し、シナモンパウダーを振る。

ココットがない場合はケーキ型でも結構です。その場合クッキングシートを器の内側に敷くと、取り出しやすくなります。熱いうちにお召し上がりください。

Dinkelgrießauflauf

スペルト小麦粉の粗挽きスフレ

グーゲルフップフ

ヒルデガルトは、「どのような形で食べてもスペルト小麦は体によく消化がよい」とスペルト小麦を称賛しています。スペルト小麦を食べていると、快活な精神が得られるそうです。ですからスペルト小麦粉のグーゲルフップフは、間違いなくヘルシーでハッピーな気持ちにしてくれるケーキと言えるのではないでしょうか。

材料（直径14cm×高さ8cmのグーゲルフップフ用の型1台分）

卵	3個
バター（室温に戻す）	120g
粉糖	75g
塩	1つまみ
バニラエッセンス	適量
生クリーム（乳脂肪30%）	37mL
ブラウンシュガー	60g
スペルト小麦粉	135g
ベーキングパウダー	小さじ3
粉糖（飾り用）	適量

作り方

1. 型にバター（分量外）を薄く塗り、粉（分量外）を振っておく。
2. 卵を卵黄と卵白に分ける。
3. ボウルにバター、粉糖、塩、バニラエッセンスを入れてよく混ぜ、卵黄を少しずつ加えて混ぜる。
4. 生クリームを加え、よく混ぜ合わせる。
5. 卵白にブラウンシュガーを加え、泡立て器で六分立てに泡立てる。
6. 5を4に加え、軽く混ぜ合わせる。
7. スペルト小麦粉とベーキングパウダーをふるいにかけ、6に加えて全体をサクッと混ぜる。
8. 7を型に流し入れ、180℃に熱したオーブンで約30分焼く。
9. 型から外し、粉糖を振る。

Gugelhupf

グーゲルフップフ

フランスではクグロフ、ドイツやオーストリアではクーゲルホップフと呼ばれる、ヨーロッパでは古くから親しまれている定番の家庭菓子です。僧侶の帽子が由来とか。ぜひこの型を手に入れて焼いてみてください。小麦粉を混ぜる時に、練らないようにサクッと混ぜるのがポイント。

修道院から始まるヨーロッパの食文化

野田浩資

食と健康の研究室でもあった修道院

修道院で生活する修道士は、ラテン語の読み書きを勉強し、多くの書物を通じて各種技術情報に触れることのできる唯一の社会階層でした。

修道院では中世から近世にかけて、健康的な食材で作られるより美味なものがたくさん生まれています。修道士はキッチンを研究室代わりにし、地域からもたらされた食材などについて、常に研究を重ねてきました。その知識は哲学から自然科学まで及び、それらを健康のための食研究に生かしています。

当時一般の市民の寿命が40歳だったころ、修道士たちは70歳前後まで生きたようです。その事実を見ても、彼らがいかに健康を考えて、食べていたかがわかるでしょう。それらの成果は現代にも通じ、私たちの食生活や健康にも生かされているのです。

自給自足の食生活

修道院の食はほぼ自給自足でした。調理場では1日中薪が焚かれ、大きな鍋の中ではブイヨンがぐつぐつと音を立てています。この鍋をフランスの修道院ではポトフ（火の上の大鍋）と呼んでいます。

野菜畑では畑を耕し、野菜を収穫します。ハーブ園ではその日に作る料理に合わせ必要なハーブを摘み取ります。池には鯉などの淡水魚を飼い、牛や豚、羊、山羊、鶏、うさぎなどを飼育し、牛や羊、山羊の乳は保存用にチーズにしました。外部からお客様が見える時は鶏や羊などを料理し、テーブルを飾りました。

冬を迎える時期となると、豚を屠殺し、肉や腸、血まで、捨てるところがないくらいに調理します。肉は部位により調理法が異なりますが、燻製にしたり、乾燥させ生ハムにしたりします。腸はよく洗い、硬い肉をみじん切りにしてハーブを混ぜたものを詰め、ソーセージにします。血も脂身と合わせてソーセージにします。それらは食材が少ない冬でも、修道士の栄養となり、おなかを満たしてくれるのです。春から夏に収穫するベリー類は砂糖と煮てジャムにして瓶に詰め、保存されます。

また、修道院が関わっている重要な飲み物があります。ビールとワインです。飲み水が悪く、病気になる人が多い時代、修道院では大量にビールを生産し、修道院の運営も考え、市民に販売していました。

ワインも同様で、修道院の周辺には必ずと言っていいほどぶどう畑があり、そこで収穫されたぶどうから彼らはワインを造りました。日々研究を重ね、よりおいしいワインに仕上げていったのです。

新大陸から渡ってきた新しい食材

16世紀になるとアメリカ大陸から多くの新しい食材が入ってきます。それらをどのように調理し、食することができるか、それらの研究も修道士女の役目でした。トマト、じゃがいも、とうもろこしなど現在では毎日目にし、口にしている食材です。しかしそれらが一般に食べられるまでは長い道のりを経てきているのです。

カカオからチョコレートへ

チョコレートの原料であるカカオがヨーロッパにもたらされたのは、１５００年代です。メキシコに遠征したスペインのフェルナンド・コルテス将軍がアステカ帝国を征服した時のこと。彼らアステカの市民はヨーロッパでは見たこともない木の実のような物を割り、中から種を取り出し、薬草を混ぜて歯痛、解熱などの薬として使っていたと言います。その実がカカオでした。同行したシトー会（１０９８年フランスのシトーに創立されたカトリック修道会）のヘロニモ・デ・アギラール修道士はそのカカオに興味を持ち、兵士たちにその効能を試しました。すると疲労回復にも効き、新しい薬を発見したような気持ちで、ヨーロッパへ持ち帰りました。

１５２８年スペイン王カルロス１世に献上し、そこからサラゴサにあるシトー会ピエドラ修道院に運ばれました。

１５３４年に初めてチョコレートが作られた記録がこのピエドラ修道院に残っています。

修道士たちは初めて手にするカカオについて、さまざまな研究・実験を繰り返します。カカオは粉砕された豆をペースト状にした苦みの強いものでした。主に強壮剤など薬として使われていました。チョコレートになるまでには、ここからさらに長い年月を要します。

スペインが独り占めしていたチョコレートは１６１５年にスペイン王女アナがフランス国王ルイ13世に嫁いだこと、そして１６６０年には同じく王女マリー・テレーズ・ドートリッシュがルイ14世と結婚すると、チョコレートが大好きだった彼女はチョコレート職人をパリまで連れてきてしまいました。そこからフランスの宮廷、そして貴族へとチョコレートが知れ渡り、貴族文化の象徴となります。

１７００年代になると、ヨーロッパ各地の貴族たちの間で流行し、お湯と共に煮て飲むようになります。

カカオに砂糖を加えることにより、新しい飲み物としてヨーロッパの王侯貴族、特にご婦人たちの間で流行します。作曲家のモーツァルトはこの飲み物を好んだと文献に書かれています。

１８００年代になるとスイスのフランソワ・ルイ・カイエが世界で初めてのチョコレート工場を設立します。そしてオランダのヴァン・ホーテンはカカオをパウダーにすることを発明します。

この頃になるとヨーロッパ中の王侯貴族がこぞってこの新しい飲み物を求めるようになります。フランスの文豪ジョルジュ・サンドも大好きで、「私は毎朝チョコレートを飲む」と記しています。あのピアノの詩人、ショパンもサンドと過ごす時は毎日飲んでいたことでしょう。

１８４７年にはイギリスのジョセフ・フライによりカカオパウダーに砂糖を加え、それを温めてから冷やした板チョコが完成します。

その20年後にはスイスのネスレがクリームを加えミルクチョコが完成。それから12年後の１８７９年には、スイスのリンツが粒子を細かくする機械を発明し、より口当たりのいい滑らかなチョコが作られます。

１９２６年にはスイス人のノイハウスが、ベルギーで、一口で口に入るよう食べやすくしたチョコレートを作ります。その粒の中に他の食材を詰めて売り出したのが大当たりとなります。１９４５年にはブランド名をゴディバと名付け、世界のブランドチョコとなりました。

修道女が配ったマドレーヌ

このお菓子の起源は、スペインのサンティアゴ・デ・コンポステーラへの大巡礼が盛んだった頃にさかのぼります。サンティアゴ・デ・コンポステーラ大聖堂は聖ヤコブ（サンティアゴ）の遺骸があることでキリスト三大巡礼地の一つとされています。その巡礼に参加したマグダレーナという若い修道女が、巡礼の象徴であるホタテガイの形をした菓子を巡礼者たちに配っていました。ドイツではホタテガイのことをヤコブスムッシェル（聖ヤコブの貝）と呼んでいます。

そのマグダレーナが配ったお菓子はマドレーヌと呼ばれるようになり、サンティアゴへの道中に広がってスペイン伝統菓子となりました。

カステラの起源はソバオ

スペインのカンタブリア州サンティリャーナ・デル・マルのクララ修道院には、「ソバオ」というお菓子がありました。それはパンくずをいかに利用するかから考えられたものでした。パンくずに卵、バター、砂糖を加えて作られたのが「ソバオ」でしたが、町に出回るようになってから、ケーキ職人の手によってパンくずが小麦粉に変わり、レモンやラム酒などを加え改良されました。現在も、カンタブリアに行くと「ソバオ」の名称で売られています。現代のようなカステラが作られるようになるには長い年月がかかっています。

修道院生まれの素朴なナンシーのマカロン

１７８９年、フランス・パリで市民革命が起きました。ルイ16世によるブルボン王権の財政破綻に対し、貴族の反抗に始まった革命は、連鎖反応のようにフランスの町々に広がりました。

当時、町の名士たちの子供達が修道士であったことから、修道院は貴族社会の延長と考えられていました。それに市民が反発し修道院を襲いました。

ナンシーにある修道院も市民運動により閉鎖されることになってしまいます。修道士達は修道院を後にし、町に出て自らの生活を守らなければならなくなります。

ある時、お菓子担当の修道女が考えました。自分たちが修道院で作っていたお菓子。マカロンを町で売ることを考えたのです。修道院へわざわざマカロンを買いに来る貴族たちもいたぐらいで、特に人気のあったお菓子です。新しいお菓子に興味を持った市民達はこぞってそれを買い求めます。このマカロンを有名にしたのが、オーストリア、ハプスブルク帝国の皇女であったマリー・アントワネット。彼女がとても好んで食べていたからです。

「これがあの悪女マリー・アントワネットが食べていたマカロンか」

ナンシーから発したマカロンは瞬く間にパリでも流行します。それから長い年月を経てヨーロッパ中に知れ渡ります。

当時のマカロンは、現在知られているパリ生まれのカラフルなマカロンとは異なり、アーモンドと砂糖、卵白とシンプルな材料で作られ、全体的にひび割れしているような見た目で素朴です。当時のままのレシピで作られ販売している店がフランスのナンシーにあります。修道女であった２人の女性が販売を始めた場所がケーキ屋となっており、修道女のマカロンのレシピを守り販売しています。

Maison des Soeurs Macaron （メゾンデ スーア マカロン）

21.rue de Gambette Nancy

https://www.macaron-de-nancy.com

研究課題だったチーズ作り

修道院で絞られた牛乳を遠い地域へ運ぶのに、当時は家畜の胃袋を洗い、その中に入れていました。胃袋の中には牛乳を擬固させる成分が入っており、胃袋の洗い方が悪いと、それが作用し固まってしまいました。その失敗によりチーズが作られるようになったのです。

それからは修道士の研究となります。「長く保存できるチーズを作る」、「よりおいしいチーズを作る」ために試行錯誤し、ハードタイプからソフトタイプなどたくさんのチーズがイタリア、フランス、ドイツなどで生まれました。現在でもパッケージに修道士が描かれているチーズをよく見かけます。

コーヒーの起源の伝説

東アフリカのエチオピアに、「山羊飼いのカルディの物語」という伝説があります。エチオピアに住む山羊飼いのカルディが、いつものように山羊を引き連れ新しい牧草地へ行った時のこと。山羊が興奮して、その日の夜も次の日の夜も全く寝てくれない。これでは山羊がかわいそうだと困ったカルディは、近くにあった修道院にどうしたらいいのか相談に出かけました。修道院長スキアドリが出てきて、数日間の山羊の行動について詳しく聞きます。すると今までと違ったものを食べていることに気が付きました。新しい牧草地には今までになかった木が生い茂っていました。山羊たちはその木になる実を食べていたのです。スキアドリ院長はその木の実を採取し、修道院の研究室に持ち込みます。

修道士がその実を細かくつぶし、お湯でゆでてみました。するとこの濃い茶色の液体からは、今までにないよい香りが漂ってきました。これはおいしそうだと飲んでみましたが、それは香りと違って苦い味でした。

そしてそれを飲んだ修道士は、その日の夜一向に寝付けませんでした。それを知ったスキアドリ院長は、この実が山羊を興奮させたのだと考えました。そしてあることを思いつきます。修道院では夜の礼拝を毎日しますが、数名の修道士がいつも途中で寝てしまいます。院長はその修道士達にこの飲み物を与えてみました。すると彼らは目をパッチリ開け居眠りをしませんでした。この効果は絶大だと、毎回夜の礼拝前には彼らにこの飲み物を与えるようになったのです。

他にもいくつかの物語がイスラムの僧侶により作られていますが、どれが本当かはやぶの中です。しかしどの物語や伝説でも東アフリカの地、エチオピア南部にあるカファ（Kafa）地方がその実の原産地と言われています。その地名がコーヒーの名称となりました。

コーヒーがヨーロッパに伝わった経緯

紀元５７５年頃に、アラビア半島のイエメンでコーヒーの木の栽培がされ始めました。それが長い時代を経てアラビア半島のモカの港からヨーロッパへ運ばれたことから、アラビアモカがコーヒー豆の名となりました。

当時この飲み物をヨーロッパに伝授したのが、イスラム神秘主義の修道士スーフィーでした。彼らは「飲むと興奮し眠れなくなる」「食欲もなくなる」など害を感じる飲み物を、ポジティブに受け止め「眠らないためにコーヒーを飲む」、「興奮させるためにコーヒーを飲む」、「食欲をなくすためにコーヒーを飲む」と伝授していきます。飲み物がそのような作用を起こすのはコーヒー以外にはありませんでした。

それが信仰と結びつき、イスラム圏各地に広がりました。16世紀初頭にはアラビア半島の巡礼地メッカに、エジプトのカイロではモスクでコーヒーを飲みながら礼拝をおこなう修道士の姿まで見ることができました。

１５６６年にはヨーロッパの入り口、オスマン帝国の支配するイスタンブールに、シリア人による2軒のコーヒー店が出現します。１５７０年頃からベネチアでは、薬として知られるようになります。そこからは瞬く間にヨーロッパ各国へ広がります。コーヒー店も増え続けていきました。

ヒルデガルトが作ったホップのビール

いまや庶民の飲み物として親しまれているビール。この飲み物は、まさに修道院なくしては生まれなかったでしょう。多くのブランドビールに修道院の名を見ることができます。世界で一番古い修道院ビールとして１０４０年に造られたヴァイエンシュテファンビール、現在では別の会社が請け負っており、１０５０年から今でも修道院で造られるウェルテンベルガー・クロスターブロイがあります。それ以外でもブランド名としてパウラーナー、フランツィスカーナー、アウグスティーナー等、南ドイツにあるこれらはすべて修道院の併設醸造所でした。

ビールの原料のホップは、ヒルデガルトが体に害のない飲み物にするために使うことを考えたのではないでしょうか。それまでは健康上よくないヒヨス（麻酔薬として使われていたが有毒）やベラドンナ（オオカミナスビと言う有毒の植物）などが使われていたそうです。

８１７年、アーヘンで行われた修道院改革のための会議でビールは薬用の飲み物として承認され、断食の時でも飲めるようになりました。

ビールの神と言われる「ガンブリヌス」は現在でも多くの醸造所に飾られています。ビールに合うといわれるドイツのパン、ブレッツェルも修道院で作られました。ビールの配給を修道士たちが皆腕を組んで待っていたのを、パン職人が見ておもしろがって作ったのが始まりです。

修道院で改良されたワインとシャンパン

バビロニアで生活していた古代シュメール人の「生命」のシンボルはぶどうの葉でした。古代ギリシャ人はワインによって酔っぱらうことを好み、ワインの神「デュオニソス」を崇拝し、愛されていました。エジプトでもワインは生命を保つ飲み物として食卓に出されました。

そのワインをよりおいしくさせたのが修道士たちでした。

修道院でぶどうの栽培を始め、ワイン造りが研究されました。ヒルデガルトはワインのことをこのように記しています。

「ワインは健康によい温かさと大きなエネルギーで人を癒し、楽しませ、血液の中に快楽を求め燃え立つ気持ちを与える」

また、ヒルデガルトはワインにハーブなどを入れて煮て、はちみつを加え、心臓病に効果のあるとされる薬用ワインを作りだしました。ドイツでクリスマス時期に飲まれるグリューワインはそこから生まれたとされています。


お祝いの席で飲むシャンパン、これはフランスのベネディクト会（カトリック教会最古の修道会）のドン・ペリニョン修道士によるものです。この名はシャンパン好きな人でなくてもよく知られています。シャンパーニュ地方ランスのモエ・エ・シャンドン社の入り口には、修道士の姿をしたペリニョン氏の像が来館者を歓迎してくれています。

ドン・ペリニョン修道士は盲目でした。その分味覚には特に敏感であり、異なるぶどうを組み合わせ、今までにないより良い味と香りを求めた最高のシャンパンに仕上げました。それが現在われわれの知るシャンパン「ドン・ペリニョン」です。気候により良いシャンパンができない年には、良い気候の年のぶどうを混ぜ合わせ、毎年一定の味のものができるようにもしました。


ブルゴーニュのワインで有名な「シャンベルタン・クロ・ド・ベーズ」。中世ここに石垣を囲みクリュニー修道会（11世紀の修道院運動の中心となったベネディクト会系のフランスの修道会）に属したクロ・ド・ベーズ修道院がありました。修道院の周りには広いぶどう畑を造り、修道士たちはおいしいワイン造りの研究を重ねていました。そのワインの良さを知った隣村のベルタンという農夫は修道院の畑を買い取り、そこで収穫されたぶどうでできたワインを「シャン・ド・ベルタン」と名付けました。

修道院の周りに必ずと言っていいほどぶどう畑があるのは、自分たちでワインを造り、そのワインを販売して生計を立てていたからなのです。

戒律の厳しい修道院で生まれたリキュール

リキュールとして有名なシャルトリューズは、18世紀にグルノーブルから数10㎞離れたフランスのシャルトリューズ修道院で造られました。ブランデーをベースとして１３０ものハーブを加えた秘伝のお酒で、今でもハーブの種類は明かされておりません。

このグランド・シャルトリューズ修道院は、グルノーブルから山に向かって人里離れた場所にあり、厳しい戒律で知られています。

２００５年に制作された『大いなる沈黙へ　グランド・シャルトルーズ修道院』という映画があります。フランス・スイス・ドイツ合作映画で監督一人が6カ月間修道院に入ることを許され撮影したドキュメンタリーです。音楽もなく修道院内に起こる風の音や修道士たちが歩く足音、祈りの言葉などが不思議に美しく響き渡ります。シャルトリューズのリキュールはこのようなところで造られたのかと胸に響くものがありました。修道院がテーマになった映画はたくさんありますが、実際に修道院に入り込み、修道士達の生活を撮影したものは、この映画しかありません。

ドイツ、オーストリアの聖ヒルデガルト料理を提供する店

情報は2022年11月現在

〈リューデスハイム　Rüedesheim〉

ビンゲンの聖ヒルデガルト修道院

Abtei St. Hildegard

修道院に併設されたクロスターカフェがあり、11～17時までオープン。食事もできます。修道女たちによって収穫されたぶどうで造られたヒルデガルト修道院ワインやヒルデガルトに関する書物、ハーブ類も販売されています。リューデスハイムの駅から徒歩30分前後、ぶどう畑を登った中腹にあります。

https://abtei-st-hildegard.de
Abtei St. Hildegard 1
D-65385 Rüdesheim am Rhein

ホテル・リューデスハイマーシュロッス

Hotel Breuer's Rüdesheimer Schloss

リューデスハイムの一番人通りの多いツグミ横丁にあります。ワイン醸造所も経営しておりホテルの経営者ブリュワー氏の名が付いたワインが飲めます。夏はテラスにバンドが入り大賑わい。時期によりヒルデガルト料理提供ができない場合もありますので、確認してから訪ねてください。

https://www.ruedesheimer-schloss.com
Steingasse 10
D-65385 Rüdesheim am Rhein

ヒルデガルトフォーラム

Hildegard Forum

リューデスハイムの対岸にあるヒルデガルトゆかりの場所にあります。
ホテルとレストランがあります。レストランではヒルデガルトの教えを現代にアレンジした料理が3種類のコースメニューで用意されています。また、ヒルデガルト香草料理としてビュッフェ料理があります。いずれも30ユーロ前後です。

https://www.hildegard-forum.de
Rochusberg 1,
55411 Bingen

〈コンスタンツ　Konstanz〉

レストラン コンツィル

Konzil Konstanz

聖ヒルデガルト研究の第一人者シュトレーロフ博士によって特別にヒルデガルト料理が用意されています。

https://www.konzil-konstanz.de
Hafenstraße 2 78462 Konstanz

レジデンツ・ゼーテラッセ

Residenz Seeterrasse

コンスタンツとシュタイン・アム・ライン「ラインの宝石」の町の間にある湖に面したホテル、レストラン。シュタイン・アム・ラインからは近いですが車でないと不便。ヒルデガルトの教えを基本とした料理を提供。

https://www.residenz-seeterrasse.com/de
Seeweg 2
78337 Öhningen-Wangen

〈ビザウ　Bizau〉

ビオホテル シュワネン

Biohotel Schwanen

ミュンヘンの南東、オーストリアのフォアアールベルク州ビザウにあるホテルレストラン。

https://biohotel-schwanen.com/restaurant/
Biohotel Schwanen Emanuel Moosbrugger e.U.
Kirchdorf 77, 6874 Bizau (AT)

ヒルデガルトをよく知るための本とＤＶＤ

飯嶋慶子

ポジティブなパワーとネガティブなパワーのバランス
『Hildegard of Bingen's Spiritual Remedies　聖ヒルデガルトのスピリチュアルレメディ』

ヴィガード・シュトレーロフ博士の
『Hildegard of Bingen's Spiritual Remedies
＝聖ヒルデガルトのスピリチュアルレメディ』（英語版・Healing Arts Press）

ヴィガード・シュトレーロフ博士の『Hildegard of Bingen's Spiritual Remedies～聖ヒルデガルトのスピリチュアルレメディ』は、聖ヒルデガルトが見たヴィジョンにより生まれた５つの著物のうち、特に『Liber Vitae Meritorum（The Book of the Rewards of Life＝人生の功徳の書）』、という本をベースに、体、心、魂と病気との関係について書かれた本です。

この本でシュトレーロフ博士は、聖ヒルデガルトは『Liber Vitae Meritorum』で、35のポジティブなスピリチュアルなパワーと、それに相反する35のネガティブなパワーを挙げ、それらの相反するパワーとの間で揺れ動く魂の葛藤を明らかにしていると述べています。

聖ヒルデガルトは、35のポジティブなパワーをVirtue（美徳）、ネガティブなパワーをVice（悪徳）と呼んでいます。Virtueは神聖な神々しい世界のあり様を反映した癒しの力を持つもの、Viceは日常生活で

ヒルデガルトの著書
『Liber Vitae Meritorum（The Book of the Rewards of Life＝人生の功徳の書）』
（英語版・Oxford University Press）

生じる葛藤を表わしており、病気を招く悪影響を持つものだそうです。Virtueとして、「思いやり」、「節制」、「寛大」、「献身的愛情」、「信頼」、「希望」などを、Viceとして、「こらえ性がない」、「怒り」、「辛辣」、「絶望」、「妬み」、「意地悪」、「貪欲」などを挙げています。

これらVirtueとViceは魂に、さらに肉体にも影響を与えます。「魂は、肉体がおいしい食べ物を食べて喜ぶように、美徳（Virtue）を喜ぶ。しかし人が何か悪いこと（Vice）をすると、それは体にとって毒であるのと同じくらい魂にとって苦痛なことである」と、聖ヒルデガルトは述べています。

Viceは排除すべきもの、非常に悪いものと考えがちですが、「善と悪」、「愛と憎悪」、「希望と絶望」のように、相反するものとして必要です。病気が健康を気づかせたり、敵が友になるなど、ViceにはVirtueを導く役目もあるそうです。病気になって初めて、健康であることのありがたさに気づくということは、誰もが経験していることでしょう。

「人生の目標は、ポジティブな影響力をもつVirtueとネガティブな影響力をもつViceのバランスを保てるようになることである。心の中に存在するモンスターを抹殺してはいけない。これらは健康そして幸福に向かう旅において非常に役立つものとなる」と、シュトレーロフ博士は述べています。

ヒルデガルトをよく知るための本とDVD

飯嶋慶子

『Vision - Aus dem Leben der Hildegard von Bingen』(2009)

ドイツの女性映画監督、マルガレーテ・フォン・トロッタ監督によるヒルデガルトの生涯を描いた映画。ヒルデガルトの人生の数々のエピソードが描かれており、彼女の生涯をドラマとして見て知ることのできる映画だが、ドイツ語版と英語版のDVDのみで、残念ながら日本語版は未発売。

『Hildegard von Bingen In Portrait - Ordo Virtutum』(2003)

ヒルデガルトが製作した道徳劇Ordo Virtutum(諸徳目の秩序)のDVD。諸徳目の秩序は、作者が同定されているヨーロッパでもっとも古い音楽劇として知られており、美徳と悪徳(悪魔)との間で揺れ動く人間の魂(アニマ)の葛藤が描かれている。この音楽劇の中では、1人だけ歌を歌わない役があり、それは悪魔の役で、中世では、歌は神に捧げる神聖なものであると考えられていたため悪魔は歌を歌わないとされていた。英語版のみ。

『The Unruly Mystic: Saint Hildegard　型破りな神秘家　ヒルデガルト・フォン・ビンゲン』(2012)

聖ヒルデガルトに魅せられたアメリカの映画制作者、マイケル・コンティが自主制作したドキュメンタリー映画。アメリカやドイツの神学、音楽、自然療法やスピリチュアリズムなどの分野でヒルデガルトを研究する専門家へのインタビューを中心に、ヒルデガルトに出会い自らのライフワークの価値を再認識するまでの、制作者自身の心の変遷が織り込まれている。それぞれの分野の専門家が、マルチな才能を発揮したヒルデガルトをどう認識しているのかを知るインタビューは興味深い。動画配信サービスで視聴可能。

『Hildegard of Bingen and the living light』(2012)

ヒルデガルトに魅せられたアメリカの声楽家、リン・マックスウェルがヒルデガルトを演じる映画。ヒルデガルト役以外にはほんの数名しか登場しない、1時間ほどの映画だが、リンの歌声はすばらしく、ヒルデガルトへの傾倒ぶりをひしひしと感じる。彼女がヒルデガルトに興味を抱くようになったのは、スコットランドのエジンバラで毎年8月に開催される世界最大の芸術祭、エジンバラ・フェスティバル・フリンジでヒルデガルトを演じて高い評価を受けたことがきっかけだったそう。前述の映画『型破りな神秘家　ヒルデガルト・フォン・ビンゲン』でもインタビューを受けており、ヒルデガルトの曲を歌いこなせるようになるのはかなりの努力が必要であると語っている。英語版のみ。

『St. Hildegard: Trumpet of God』(2015)

前述のアメリカの声楽家、リン・マックスウェルが再びヒルデガルトを演じている。この映画は、天から強烈な光がヒルデガルトに降り注がれる神秘体験を経験した後のヒルデガルトに焦点があてられている。映画の中で、「神は私にラッパになるよう命じられた。…私は教会に神の真理を告げるよう命じられた」という台詞があり、ヒルデガルトは預言者の役割は神の神秘を人々に伝えるラッパであると認識していたことがわかる。DVDは英語版のみ。

『ヒルデガルト —緑のよろこび』(2017)

ヒルデガルトから影響を受けたドイツの自然療法士ペーター・ゲルマン、聖ヒルデガルト修道院シスター、ヒルトルード・グートヤー、ヒルデガルト研究家の平垣美恵子などの日本とドイツの5人へのインタビューからなる映画。映画のDVDと書籍のDVDブックとして販売されていて、日本語版あり。

一度は訪れたい
ヨーロッパの歴史的修道院

修道院には大きく分けて、王侯貴族の館のような豪華な建物の修道院と、修道士たちが自ら畑を耕し、最低の生活ができるためだけの物しか持たず、質素に暮らす修道院の二種類があります。ベネディクト会派の修道院の多くが豪華に見える修道院です。それに対しシトー会派の修道院は石造りで、飾りっ気のない冷たい建物の修道院です。外観を見るだけでどちらの派の修道院かわかるほど大きな違いがあります。
現在でも修道士が生活している修道院もあれば、観光のために開放された修道院もあります。一般公開している、世界文化遺産の修道院のほか、歴史的修道院をご紹介します。

〈フランス〉

モン・サン・ミッシェル修道院 Mont St. Michel

©Amaustan/commons

世界的にも知られるこの修道院は、1000年以上前にベネディクト会派の数名の修道士たちが、厳しい修行を行うために、わざわざ海に囲まれ海岸から数100m離れた岩山の上にあります。11世紀にロマネスク様式で建てられ、13世紀にはゴシック様式で修道院の居住スペースが建てられました。

大潮の時には、海から直接そびえ立つ修道院の風景が見られます。島へは長い橋を通って入ります。修道院に向かう細い道の両側にはお土産屋やレストランが立ち並んでいます。レストランでは昔、修道士が食べていたといわれるスフレオムレツを味わうことができます。長い旅をしてここまでたどり着いた修道士。彼らを満足させた料理が、モンサンミッシェルのスフレオムレツとして名物になりました。

この地域のもうひとつ有名な食は仔羊料理。この地域で育った仔羊肉は「プレサレ Pré-Salé」と呼ばれ、海風により塩分を含む牧草を食べ育った、独特の風味を持ちます。パリでは最高級店でしかお目にかかれない仔羊肉ですが、島のレストランで味わうことができます。

information

Le Mont-Saint-Michel
La Caserne, 50170　France
https://www.ot-montsaintmichel.com

※パリからモンサンミッシェル修道院までの直行バスがあり、乗車時間は5時間ほど。パリからの日帰りツアーが多数あり。

フォントネー修道院　Abbaye de Fontenay

information

Abbaye de Fontenay
21500 Montbard　France
http://www.abbayedefontenay.com/en/

※パリからTGVで約1時間、ブルゴーニュのモンバール（Montbard）駅が最寄り。駅から6kmほどあるのでタクシーを。ディジョンの町からは80km、車で1時間半。

©Josep Renalias/Commons

ブルゴーニュワインの産地であり、グルメの町ディジョンから80kmほど離れた森にたたずむシトー会最古の修道院です。1118年に設立されました。フランス革命により修道士は退散してしまい、この建物は国のものとなりました。その後リヨンの銀行家が買い取り、きれいに修復され、院内の教会、寄宿舎、パンを焼く部屋、鍛冶場など、修道士が生活していた状況を見学できます。1990年には、フランスとハンガリー合作の映画『シラノ・ド・ベルジュラック』がここで撮影されました。

〈オーストリア〉

メルク修道院 Stiftung Melk

©Bwag/Commons

information

Stiftung Melk
MelkAbt-Berthold-Dietmayr-Straße 1
3390Lower Austria
https://www.stiftmelk.at/de/

※ウィーンから電車で約1時間、メルク駅から徒歩10分で壮大な修道院が目の前に広がります。ウィーンから車でも1時間ほど。

ドナウ川添いのワッハウ渓谷に隣接しており、1147年に建てられたベネディクト会修道院です。1700年代にバロック様式に改築され壮大な建物となり、華麗な宮殿のようです。

敷地内にはレストランやカフェもありオーストリアの伝統的な料理が楽しめます。カフェではハプスブルク皇帝フランツ・ヨーゼフが大好きだったデザート「カイザーシュマーレン」(P178)提供されます。

ハイリゲンクロイツ修道院 Stiftung Heiligenkreuz

©Bwag/Commons oder

information

Stiftung Heiligenkreuz
Heiligenkreuz　Heiligenkreuz 1
2532Lower Austria
https://www.stift-heiligenkreuz.org

※ウィーン駅のバーデン・バイ・ウィーン（Baden bei Wien）のバス乗場から、459番のバスに乗り、修道院前まで約30分。

1133年に設立されたシトー会修道院で、ロマネスク様式とゴシック様式で建てられた「聖十字架」の名がついた世界最古の修道院です。シトー会本部のあるフランス、ブルゴーニュからぶどうの苗を運び、畑を耕すことから始め、修道士たちはワイン造りに精を出しました。この地域ニーダーエステライヒ州のワイン造りに大きな貢献をしています。この修道院にあるパイプオルガンはウィーン出身の作曲家フランツ・ペーター・シューベルトが演奏したことでも有名です。

〈スイス〉

ザンクト・ガレン修道院 Stiftsbezirk St.Gallen

©WWHenderson20/commons

information

Stiftsbezirk St. Gallen
Klosterhof 6d
9000 St. Gallen
https://www.stiftsbezirk.ch/en/

※チューリッヒ駅から電車で約1時間、サンクトガレン駅から徒歩約10分。

スイス国内では最古の修道院です。ベネディクト会修道院で7世紀に建てられましたが、その後18世紀にバロック建築で立派な修道院として建て直されました。中世の頃はビールを製造していて、ビール専門の職人がいました。その醸造技術を勉強しようと、各地のビール職人が勉強に来たほどでした。1767年に増設された図書館は必見の価値があります。世界最大級の中世期の蔵書を誇り、写本版が2000冊以上もあります。

この地域はスイス3大チーズ産地のひとつ、アッペンツェラーチーズの工場があり、そのチーズを使った料理が、工場内のレストランや周辺のレストランでも食べることができます。

〈ハンガリー〉

パンノンハルマ修道院 Pannonhalmi Foapatsag

©Hallabalint/commons

information

Pannonhalmi Foapatsag
Pannonhalma Kossuth utca
9090 Gyor-Moson-Sopron
https://pannonhalmifoapatsag.hu

※ブタペストから電車で1時間30分、ジュール（Gyor）駅へ。修道院行きのバスに乗り換え、約40分で修道院入り口前。

首都ブダペストから150kmほど離れた町パンノンハルマにある、ハンガリー最古の歴史的建造物のベネディクト会大修道院です。996年に創設され、当時からワイン生産も行っていました。その後一度破壊されてしまい1137年に再建されました。大修道院となったのは1700年代でバロック様式による拡張がなされました。現在でも修道院内にワイナリーがありワイン造りが行われています。院内のワイナリーでも、近くのレストランでも飲むことができます。

〈イタリア〉

モンテカッシーノ修道院 Abbazia-di-Montecassino

©Twilight/commons

information

Abbazia-di-Montecassino
03043 Cassino(FR)
https://www.comune.cassino.fr.it/per-i-visitatori/abbazia-di-montecassino

※ローマから120km、ナポリから80kmの中間地点に位置します。ローマとナポリを結ぶカッシーノ経由の列車Fr6に乗りカッシーノ駅で下車してタクシー利用。

ベネディクト会派の起源となった修道院です。529年にベネディクトウスによってカッシーノの丘、モンテカッシーノに建てられました。この修道院で決められた会則はヨーロッパ修道院制の模範となりました。1000年の間に4度も破壊され、そのたびに修復、再建されています。最後に破壊されたのが第二次世界大戦で、連合軍による爆撃でした。戦後、国家の援助により、17世紀時代の建物に再建されました。

サンタンティモ修道院 Abbazia di Sant'Antimo

©Lucawood/commons

information

Abbazia di Saint'Antimo
Localita Castelnuovo dell'Abate
53024 Montalcino
https://www.antimo.it

※モンタルチーノの町からタクシーで約15分。フィレンツェから南へ約100kmですが、電車の便が非常に悪い地域なので現地ツアーがお勧め。

9世紀にカール大帝（シャルマーニュ）によって建てられました。教会は12世紀に建てられ中世建築の傑作と言われています。この修道院は医学において、聖ヒルデガルトの教えを教訓としています。院内のサンタイルデガルダ庭園は聖ヒルデガルト庭園と名のついた薬草庭園です。修道院薬局では、何世紀にも渡ってハーブ類を使った伝統のレシピを守っています。ボディーケア製品、ハーブティー、フルーツジャムなどを購入することができ、修道院で造られたビールも味わうことができます。

〈スペイン〉

王立サン・ロレンゾ・デル・エスコリアル修道院

Monasterio de El Escorial

©AldanaN/commons

information

Av Juan de Borbon y Battembergs/ n.
28200 San Lorenzo del El Escorial, Mdrid
https://www.patrimonionacional.es/real-sitio/real-sitio-de-san-lorenzo-de-el-escorial

※地下鉄モンクロア駅のバスステーションから664番か661番のバスで終点のサン・ロレンゾ・デ・エル・エスコリアルまで約55分。下車後徒歩5〜6分。

©Xuxa/commons.

16世紀、当時の国王フィリペ二世がフランス軍に勝利した記念に、サン・ジェロニモ騎士団の修道院として建てられましたが、他の修道院と違い、王室の人々を祈るための修道院でした。そのため豪華な宮殿、博物館、図書館がある複合施設のようになっています。壮大な図書館や、天井に描かれたフレスコ画が見事です。歴代の国王の数々の部屋にはスペインを代表する画家の作品などが飾られており、美術鑑賞もひとつの楽しみとされています。1885年より聖アウグスティノ修道会が使用し現在もその修道士はここで暮らしています。

〈ドイツ〉

ウェルテンブルク修道院　Kloster　Weltenburg

©Octobrist/commons

information

Kloster Weltenburg
Asamstraße 32
93309 Kelheim
https://www.kloster-weltenburg.de

※レーゲンスブルクから電車でザールドナウ駅へ。バスに乗り換え15分でケールハイムの船着き場に到着。クルーズ船で30～40分で修道院に到着。

バイエルン州のレーゲンスブルク郊外、ケールハイム村のドナウ湖畔にあります。名建築士アサムの設計によって建設されたベネディクト会の修道院です。立派な教会があり、奥には修道士たちの修業の場があります。

この修道院には、1050年に造られた世界最古のビールを造る修道院付属醸造所Klosterbrauerei Weltenburgがあります。中庭の広場にはビールを飲むためのテーブルが並び、レストランもあり、生ビールや料理が楽しめます。ここはビアガーデン？と思える雰囲気です。郷土料理と世界最古の生ビールを味わえます。ビールの種類は7～8種あります。

エーバーバッハ修道院　Abtei Eberbach

©DXR/commons

information

Stiftung Kloster Eberbach
65346 Eltville im Rheingau
https://www.kloster-eberbach.de

※フランクフルト駅からローカルバーンRB10　Neuwied行きに乗り約1時間でエルトヴィル駅に到着。バス172番に乗り換えて15分。

1135年創立のシトー派の修道院で、ぶどう畑を持ち、ラインガウの中枢的役割を担う醸造所としても大きな役割を果たしています。1918年以降はヘッセン州に属し運営されていましたが、1998年には財団法人となり独立運営されることになりました。シュタインベルガーを始めとした著名な畑を持っています。

この修道院で造られたワインを飲みに、多くの旅行者が訪れることでも有名です。ワインは修道院内のレストランでも、食事とともに楽しめます。12～19世紀まで使われていた大規模なぶどう圧搾機が年代順に並べられた展示は圧巻です。

マウルブロン修道院 Kloster Maulbronn

©Elke Wetzig/commons

information

Kloster Maulbronn
Klosterhof 31
75433 Maulbronn
https://www.kloster-maulbronn.de

※シュツットガルト駅から電車でミュールアッカー駅まで40分。700番のバスに乗り換えマウルブロン修道院前まで約30分。シュツットガルトから車で1時間弱、ミュールアッカー駅からタクシーで15分。

1147年設立されたシトー会修道院です。マウルブロンの町外れにあり、城壁で隔絶され修道院全体がひとつの村のように作られています。ヨーロッパに残る多くの中世シトー会修道院の中で、全体的に最もよく保存されています。礼拝所を始め、農事用の建物や、宿舎施設、製パン所、家畜小屋、守衛小屋などさまざまな施設が当時のまま残されています。16世紀になるとヴュルテンベルク公の統制下に入り、16世紀半ばにはルター派のプロテスタントの教会付属神学校となり、ドイツ生まれのスイスの作家、ヘルマン・ヘッセが通っていました。ヘッセの小説「車輪の下」にはこの修道院のことが書かれています。

敷地内にあるレストランでは、断食の季節に修道士が神に隠れて「肉をパスタに隠せばわからないだろう」と作って食べたといわれる「マウルタッシェン」（106参照）が提供されています。

聖ヒルデガルト修道院 Abtei St.Hildegard

©Tiggr/commons

information

Abtei St. Hildegard
Klosterweg 1
D-65385 Rüdesheim am Rhein
https://abtei-st-hildegard.de

※フランクフルト中央駅から、ローカルバーン（普通列車）RB10　Neuwied行きに乗り、1時間10分でリューデスハイム着。ライン下りの船で行く場合はマインツから乗船し、リューデスハイムで下船してください。ツグミ横丁を通り過ぎ、ぶどう畑の丘を進むと修道院の二つの尖塔が見えます。徒歩約30分、タクシーで5～6分。

1165年に聖ヒルデガルトによって建てられた女子修道院は1802年に閉鎖されましたが、1904年に聖ヒルデガルトの修道院の伝統を復活させる目的により、この地に設立されました。ライン川下りで有名なリューデスハイムの船着き場から徒歩30分。ぶどう畑に囲まれ、収穫時期になると修道女がぶどう摘みをする姿が見られます。そのぶどうから造られたワインは、「聖ヒルデガルト修道院ワイン」として院内で販売されています。

聖ヒルデガルトの教えに従って、健康的な料理を提供するクロスターカフェは、午前10時から午後4時までの営業。スペルト小麦を使ったケーキ類も販売されています。

国産スペルト小麦のネット販売店

スペルト小麦の加工タイプは、小麦粒の状態のものと小麦粉に加工されたものの大きく2つがあります。ドイツ製は「Dinkel（ディンケル）」、イタリア製は「Farro（ファッロ）」、スペイン製は「Espelta（エスペルタ）」の名称で、輸入食品店などで手に入りやすくなりました。少しずつではありますが、国産のスペルト小麦も生産、販売されています。

● 素材舎［株式会社保田商店］（三重県）
国産のスペルト小麦粉、ドイツ産のスペルト小麦粉を扱う。
e-mail: info@sozai-ya.jp
http://www.sozai-ya.jp

● ふたごや農園（長野県）
長野県麻績村産の無農薬栽培のスペルト小麦石臼挽全粒粉を扱う。
https://futagoya.thebase.in

● bakerista®［ベーカリスタ］（北海道）
北海道産のスペルト小麦粉を扱う。
https://bakerista.jp

● 富澤商店オンラインショップ（実店舗も多数あり）
北海道産、ドイツ産のスペルト小麦粉を扱う。
https://tomiz.com/

● たまな商店（和歌山県）
和歌山県「自然力栽培 久保農家」の自然農法で育てたスペルト小麦（粉）を予約販売。
https://tamana-shop.jp/kubospelt/

国産マルメロのネット販売店

マルメロは、日本では青森、秋田、山形、長野などの涼しいところで栽培されています。生のものは10～11月が最盛期です。旬の時期以外は、手に入りやすいシロップ漬けの缶詰を利用するのもよいでしょう。

● こたろう果樹園（山形県）
収穫・発送時期：10月下旬から11月上旬まで
http://kotaro-kajuen.com/karin.htm

参考文献

『ビンゲンのヒルデガルトの世界』種村季弘著（青土社）

『家庭でできるドイツ自然療法』森ウェンツェル明華著（BAB Japan）

『修道院の食卓』ガブリエラ・ヘルペル著、ペーター・ゼーヴァルト編、島田道子訳（創元社）

『聖ヒルデガルトの治療学』ゴトフリート・ヘルツカ、ヴィガート・シュトレーロフ著、飯嶋慶子訳（フレグランスジャーナル社）

『ビンゲンのヒルデガルト』レジーヌ・ペルヌー著、門脇輝夫訳（聖母文庫）

『ドイツ菓子図鑑』森本智子著（誠文堂新光社）

『ジョルジュ・サンド 愛の食卓』アトランさやか著（現代書館）

『ビールの科学』渡淳二著（講談社）

『ビア・マーグス』ギュンター・テメス著、森本智子・遠山明子訳（サウザンブックス社）

『スペイン修道院の食卓』スサエタ社編、五十嵐加奈子・丸山永恵訳（原書房）

『禁欲のヨーロッパ　修道院の起源』佐藤彰一著（中公新書）

『沈黙すればするほど人は豊かになる』杉崎泰一朗著（幻冬舎新書）

『食で読み解くヨーロッパ』加賀美雅弘著（朝倉書店）

『ヨーロッパ文明史』クロード・デルマス著、清水幾太郎訳（白水社）

『中世ヨーロッパの生活』ジェヌヴィエーヴ・ドークール著、大島誠訳（白水社）

『世界地図から食の歴史を読む方法』辻原康夫著（河出書房新書）

『フランスワイン　愉しいライバル物語』山本博著（文春新書）

『コーヒーが廻り世界史が廻る』臼井隆一郎著（中公新書）

『スパイスの歴史』フレッド・ツァラ著、竹田円訳（原書房）

『ハーブの歴史』ゲイリー・アレン著、竹田円訳（原書房）

『修道院の医術』ルーツィア・グラーン著、ペーター・ゼーヴァルト編、島田道子訳（創元社）

『中世ヨーロッパ生活誌3』オットー・ボルスト著（白水社）

『図解中世の生活』池上正太著（新紀元社）

『ヒルデガルトのハーブ療法』ハイデローレ・クルーゲ著、畑澤裕子訳、豊泉真知子監修（フレグランスジャーナル社）

『聖ヒルデガルトの病因と治療』ヒルデガルト・フォン・ビンゲン著、プリシラ・トゥループ英語版訳、／臼田夜半訳（ポット出版）

『もっとからだにおいしい野菜の便利帳』白鳥早奈英・板木利隆監修（高橋書店）

『Rezepte & Weisheiten nach Hildegard von Bingen』（Weltbild）

『Das Hildegard von Bingen Kochbuch』 Dr.Wighard Strehlow著（Heyne.W）

『Hildegard von Bingen's Physica（English Edition）』 Hildegard von Bingen著、Prischilla Throop訳（Healing Arts Press）

『Hildegard of Bingen Historical Sites（English Edition 2014）』 Philippa Rath著（Schnell & Steiner）

『Hildegard of Bingen's Spiritual Remedies』Dr. Wighard Strehlow著（Healing Arts Press）

『Medieval Monastery』『The daily life of Medieval Nuns』 Mark Cartwright著（World History Encyclopedia）

『Hildegard of Bingen　The woman of her age』Fiona Maddocks著（Faber and Faber Ltd.）

『Heilsame Schöpfung - Die Natürliche Wirkkraft der Dinge（Physica)） Hildegard von Bingen著（Beuroner Kunstvlg）

『Große Hildegard-Apotheke』 Dr. Gottgried Hertzka、Dr. Wighard Strehlow著（Christiana-Verlag）

『Die Hildegard Naturapotheke』 Dr. Wighard Strehlow著（ Wilhelm Heyne Verlag）

『Die Ernährungstherapie der Hildegard von Bingen』 Dr.Wighard Strehlow著（Knaur Verlag）

『Rezepte und Geheimnisse aus der Klosterküche』 Laurence & Gilles Laurendon著（AT Verlag）

『Das Dinkel Backbuch』Judith Gmür-Stalder著（Haedecke Verlag）

『Kochen nach Hildegard von Bingen』（Komet Verlag）

『Die Krone der Hildegard von Bingen』 Philippe Cordez、Evelin Wetter著（Abegg-Stift.）

「Mein großer Abreißkalender Hildegart von Bingen 2014」

「Benedictine Abbey of St. Hildegard (English Edition)」パンフレット

「Benediktinerinnenabtei Sankt Hildegard」パンフレット

野田浩資（のだ・ひろし）

東京・六本木一丁目にあるレストラン「ツム・アインホルン zum Einhorn」シェフ。ドイツをはじめ、ヨーロッパ各国で修業を重ね、帰国後、1994年にレストランをオープン。伝統料理やドイツ直送の季節の味を求めて、在日のドイツ人も足繁く通い、「日本でドイツの食文化をもっとも感じさせる店」と高く評価されている。アートに造詣も深く、店内に国内外のアーティストの作品を展示したり、音楽会を催すなど、文化活動にも力を入れている。講演やテレビ出演も行う。著書に『音楽家の食卓』（誠文堂新光社）ほか、『野田シェフのドイツ料理（新装版）』（メトロポリタンプレス）、『ドイツの森の料理人』、『ワイン街道美食の旅』、『ビールの国の贈りもの』など多数。

ツム・アインホルン zum Einhorn
東京都港区六本木1丁目9-9　六本木ファーストビル B1F
Tel：03-5563-9240　http://www.zum-einhorn.co.jp/

飯嶋慶子（いいじま・けいこ）

聖ヒルデガルト料理研究会主宰。ロンドン・スクール・オブ・アロマテラピー・ジャパンにてアロマセラピストの資格を取得後、アロマセラピストとして活動。後にアロマテラピーやハーブ療法関係の書籍の翻訳を行う。訳書に『聖ヒルデガルトの治療学』、『ハーバル・アンチバイオティクス』、『6週間のハーブ解毒プラン』（フレグランスジャーナル社）、『Tree Medicine くすりになる木』（BABジャパン）など多数。2016年には米ドキュメンタリー映画『型破りな神秘家　ヒルデガルト・フォン・ビンゲン』の字幕翻訳にも関わる。2011年より野田シェフと共に聖ヒルデガルトの食の教えを広めるべく、ヒルデガルト料理を食べる食事会を定期的に開催。

聖ヒルデガルト料理研究会
https://hildegardcooking.amebaownd.com

スタッフ
撮影：菅原史子
ブックデザイン：武田厚志（SOUVENIR DESIGN INC.）
編集：菅野和子

協力：株式会社エッセンコーポレーション（ビレロイ&ボッホ）、ドイツ政府観光局、
リューデスハイム観光局、グローバル ユース ビューロー、ヒルデガルトフォーラム・ジャパン

聖女《せいじょ》ヒルデガルトに学《まな》ぶ、現代《げんだい》に活《い》きる薬草学《やくそうがく》とレシピ

中《ちゅう》世《せい》修《しゅう》道《どう》院《いん》の食《しょく》卓《たく》

2022年12月18日　発　行　　NDC596

著　　者　野《の》田《だ》浩資《ひろし》、飯《いい》嶋《じま》慶《けい》子《こ》
発 行 者　小川雄一
発 行 所　株式会社 誠文堂新光社
〒113-0033 東京都文京区本郷3-3-11
電話 03-5800-5780
https://www.seibundo-shinkosha.net/
印 刷 所　広研印刷 株式会社
製 本 所　和光堂 株式会社

ISBN978-4-416-52290-5